PETITE BIBLIOTHÈQUE BRETONNE

PAUL SÉBILLOT

PETITE
LÉGENDE DORÉE
DE LA
HAUTE-BRETAGNE

NANTES
SOCIÉTÉ DES BIBLIOPHILES BRETONS
ET DE L'HISTOIRE DE BRETAGNE

M.DCCC.XCVII

PETITE BIBLIOTHÈQUE BRETONNE

PETITE LÉGENDE DORÉE
DE LA HAUTE-BRETAGNE

TIRÉ A 400 EXEMPLAIRES NUMÉROTÉS

Pour la *Société des Bibliophiles bretons*

Exemplaire n°

PETITE BIBLIOTHÈQUE BRETONNE

PAUL SÉBILLOT

PETITE
LÉGENDE DORÉE
DE LA
HAUTE-BRETAGNE

NANTES

SOCIÉTÉ DES BIBLIOPHILES BRETONS
ET DE L'HISTOIRE DE BRETAGNE

M.DCCC.XCVII

PRINCIPAUX OUVRAGES
DU MÊME AUTEUR

CONTES POPULAIRES DE LA HAUTE-BRETAGNE, 1re série. *Paris*, Bibliothèque Charpentier, 1880, in-18.   3 fr. 50

CONTES DES PAYSANS ET DES PÊCHEURS, 2e série des contes populaires de la Haute-Bretagne. *Paris*, Bibliothèque Charpentier, 1881, in-18.   3 fr. 50

CONTES DES MARINS, 3e série des contes populaires de la Haute-Bretagne. *Paris*, Bibliothèque Charpentier, 1882, in-18.   3 fr. 50

LITTÉRATURE ORALE DE LA HAUTE-BRETAGNE. *Paris*, Maisonneuve, 1881, pet. in-12 elzévir.   5 fr.

TRADITIONS ET SUPERSTITIONS DE LA HAUTE-BRETAGNE. *Paris*, Maisonneuve, 1882, 2 vol. petit in-12 elzévir.   10 fr.

CONTES DE TERRE ET DE MER, légendes de la Haute-Bretagne, illustrations de G. Bellenger, Léonce Petit et Sahib. *Paris*, Charpentier, 1883, in-8 (épuisé).

LE BLASON POPULAIRE DE LA FRANCE (en collaboration avec H. Gaidoz). *Paris*, L. Cerf, 1884, in-18.   3 fr. 50

CONTES DES PROVINCES DE FRANCE. *Paris*, L. Cerf, 1884, in-18.   3 fr. 50

GARGANTUA DANS LES TRADITIONS POPULAIRES. *Paris*, Maisonneuve, 1883, p. in-12 elzévir.   5 fr.

LÉGENDES CROYANCES ET SUPERSTITIONS DE LA MER. *Paris*, Bibliothèque Charpentier, 1886-1887, 2 in-18.   7 fr.

COUTUMES POPULAIRES DE LA HAUTE-BRETAGNE. *Paris*, Maisonneuve, 1886, pet. in-12 elzévir.   5 fr.

LES TRAVAUX PUBLICS ET LES MINES DANS LES LÉGENDES ET LES SUPERSTITIONS DE TOUS LES PAYS. *Paris*, Rothschild, 1894, in-8 illustré.   40 fr.

LÉGENDES ET CURIOSITÉS DES MÉTIERS. *Paris*, E. Flammarion, 1895, gr. in-8 illustré.   12 fr.

ANNUAIRE DE BRETAGNE POUR 1897 (en collaboration avec René Kerviler). *Rennes*, Plihon et Hervé, 1897, in-8 illustré. 4 fr.

CONTES ESPAGNOLS. *Paris*, Charavay, Mantoux et Martin, 1897, in-8 illustré.   1 fr. 50

Les « seules » de la mer, dessin de Paul Chardin.

PRÉFACE

Les légendes qui figurent dans ce petit recueil ont un caractère très nettement déterminé : elles sont avant tout locales, ou tout au moins localisées par les conteurs, qui ne manquent pas d'indiquer les lieux où se sont passés les actes, dont le souvenir n'a souvent survécu qu'à l'état fragmentaire : la mer conserve la trace des saints qui l'ont parcourue, les rochers portent à jamais les empreintes qu'ils y ont laissées ; des fontaines ont jailli sous leurs pas, et la piété populaire a jalonné leur passage en construisant des chapelles ou en érigeant des croix. Leurs sanctuaires sont le centre d'un culte qui est particulier à une région et auxquels ses fidèles, parfois assez rares, demeurent très attachés.

Parmi ces saints que l'on pourrait appeler nationaux en raison de leur naturalisation populaire, il en est que l'Eglise ne reconnaît pas, d'autres qui ne sont même pas mentionnés dans la *Vie des saints de Bretagne*, pourtant si profondément légendaire ; parfois le clergé du diocèse où se trouve la petite chapelle placée sous leur vocable, la petite croix qui leur est dédiée, ou la fontaine qui porte leur nom, ne leur rend aucun culte et ignore même presque leur existence.

Le peuple, lui, les connaît, et jusqu'à ces derniers temps il a conservé dans sa mémoire leur petite légende dorée, souvent plus intéressante au point de vue des traditions que celle de beaucoup de bienheureux célèbres. Mais elle n'est guère racontée que dans le voisinage du petit monument qui porte le nom du saint obscur, mais pourtant aimé, que l'on regarde dans le pays comme une sorte de divinité locale. Toutefois si le culte persiste encore, la légende va s'effaçant un peu tous les jours, comme ces pierres tombales des églises, jadis sculptées en relief, dont le pied des passants a rongé peu à peu les ornements et les inscriptions. Celles qu'on peut encore retrouver aujourd'hui, — j'allais dire déchiffrer, — sont généralement courtes ; au lieu d'une vie entière, il ne subsiste plus que des épisodes, ou une sorte d'abrégé d'une tradition, sans doute mieux sue jadis et plus développée.

J'ai fait de mon mieux pour sauver tout au moins les débris qui en subsistent encore. Les quelques récits qui ont paru en 1885 dans la *Revue de l'histoire des religions* m'ont attiré de précieuses communications ; j'ai continué à enquêter autour de moi, et en réunissant aux récits ainsi recueillis ceux puisés par divers auteurs dans la tradition orale, je suis parvenu à réunir environ quatre-vingts légendes.

Comme beaucoup de ces saints sont souvent à peu près inconnus dès qu'on s'éloigne du lieu qui leur est consacré, leur légende n'est sue que de bien peu de gens, dont le nombre va en diminuant tous les jours ; ce sont surtout les vieillards qui la connaissent : la jeune génération l'ignore ou la traite avec dédain. Il faut beaucoup de patience et un peu de bonheur pour arriver à rencontrer la personne, peut-être unique, qui la conserve encore avec quelque précision. Il m'a été relativement plus facile de recueillir en Haute-Bretagne près d'un millier de contes populaires que de trouver le demi-cent de courtes légendes de ce volume qui sont dues à mon enquête personnelle. Sans que j'aie fait porter spécialement sur elles l'effort de mon exploration, je puis dire sans exagérer que je m'en suis occupé pendant une vingtaine d'années. Mais les conteurs sont, en ce qui regarde ces légendes, assez défiants; ils ne les disent pas volontiers, craignant sans doute qu'on ne se moque des récits naïfs, transmis de génération en génération, qui racontent des épisodes de la vie des petits saints. Presque toujours ils s'expriment avec un certain respect, même quand ils rapportent des traits, assez rares d'ailleurs, qui n'ont pas toute la gravité qui convient à la légende dorée. Mais il n'est que juste de remarquer que tel passage, qui nous paraît vulgaire ou bizarre, semble tout naturel au conteur, qui n'y entend pas malice. Dans deux ou trois récits seulement intervient la note comique, et même un peu irrévérencieuse en apparence; mais il ne faudrait pas y voir une idée de moquerie ou de scepticisme à l'égard des bienheureux populaires. Presque toujours ceux qui leur ont manqué de respect sont, ainsi qu'on le verra dans toute une série de récits, trop punis, même pour des fautes assez vénielles, pour que les conteurs se permettent autre chose qu'une plaisanterie, qui ne leur semble pas déplacée.

Dans les légendes que j'ai recueillies moi-même comme dans celles que j'ai empruntées à divers auteurs, il en est qui forment des récits à peu près complets, le plus souvent assez courts, où l'on rencontre des épisodes poétiques ou gracieux dans leur naïveté, qui ne dépareraient pas une Vie des Saints de Bretagne; d'autres ne présentent plus guère que des fragments assez frustes: en historien fidèle, je les ai rapportés sans essayer de les restaurer. Ce sont en quelque sorte des pièces d'un musée hagiographique de la Haute-Bretagne : à côté de statuettes entières ou à peu près, il en est d'autres qui ont gravement souffert des outrages du temps, et dont il ne reste guère que des tronçons.

Si mutilées qu'elles soient, quelques-unes de ces légendes ont conservé des détails qui méritent d'être notés. Plusieurs se retrouvent dans ce fonds de merveilleux antérieur au christianisme, qui a fini par se mêler au merveilleux chrétien. Parfois le saint paraît avoir emprunté des épisodes entiers de sa vie à d'anciennes et obscures divinités locales, de même qu'aux yeux du peuple, il a gardé les vertus de protection, de bonheur ou de guérison, que les petits dieux inconnus auxquels il a succédé passaient pour posséder il y a deux mille ans.

Dans mes notes j'ai relevé, aussi exactement que je l'ai pu, les particularités physiques qui se trouvent dans le voisinage des lieux où l'on rend à ces saints locaux un culte, soit public, soit clandestin ; là où il existe on constate presque toujours la présence d'une fontaine, parfois elle est dans le sanctuaire lui-même ; peut-être quelques-unes cachent-elles encore dans leur couche séculaire de vase, des témoignages des offrandes variées qui leur ont été faites aux différents âges.

J'aurais voulu pouvoir donner, à côté des récits, des représentations iconographiques ; je n'ai guère pu en trouver plus d'une douzaine. Cela tient sans doute à ce que les petits saints sont surtout honorés dans de modestes chapelles, et que ceux qui les ont bâties étaient plus riches de piété que d'écus. Peut-être aussi n'a-t-on pas recherché avec assez de soin les statuettes, les vieux tableaux ou les vitraux qui ont eu pour but d'honorer ces humbles bienheureux. C'est un peu dans l'espoir de provoquer des recherches que j'ai accompagné les récits de quelques images ; en cherchant bien il est probable qu'on en rencontrera plusieurs qui ont jusqu'ici échappé aux investigations de l'auteur ou des écrivains dont il a consulté les livres.

La *Petite Légende dorée*, telle que je la présente aujourd'hui, est loin de contenir tout ce que le peuple raconte dans cet ordre d'idées. Les lecteurs que ces récits intéresseront, s'ils ont la patience de rechercher autour d'eux, en trouveront sans doute bien d'autres, peut-être même de très jolis. Je m'estimerais très heureux si ce petit volume devenait le point de départ d'un supplément d'enquête sur les saints, pour ainsi dire nationaux, de la Haute-Bretagne.

Partie supérieure d'une croix du xvie siècle, partie française du Morbihan, d'après Rosenzweig.

SOURCES ET OUVRAGES CITÉS

Albert le Grand. *La vie des saints de Bretagne*, édition Kerdanet, 1837, in-4.

Amézeuil (C⁰ d'). *Légendes bretonnes*. Dentu, 1863, in-18.

Annuaire de Bretagne, par René Kerviler et Paul Sébillot. Rennes, Plihon et Hervé, 1897, in-8.
(Pour les fêtes des saints et leurs patronages).

Bézier (P.). *Inventaire des mégalithes de l'Ille-et-Vilaine*. Rennes, H. Caillière, 1883, in-8.

— *Supplément à l'inventaire des mégalithes de l'Ille-et-Vilaine*. Rennes, H. Caillière, 1884, in-8.

A. de la Borderie. *Saint-Lunaire, son histoire, ses monuments*. Rennes, Plihon, 1881, in-8.

— *Histoire de Bretagne*, t. I. Rennes, Plihon, 1896, in-4.

Cayot-Delandre. *Le Morbihan*. Vannes, Cauderan, 1847, in-8.

Cerny (Elvire de). *Saint-Suliac et ses traditions*. Dinan, Huart, 1861, in-18.

(Ducrest de Villeneuve). *Le château et la commune.* Rennes, 1842, in-18.

Dulaurens de la Barre. *Nouveaux fantômes bretons.* Paris, Dillet, 1881, in-18.

Ernoul de la Chenelière. *Inventaire des monuments mégalithiques des Côtes-du-Nord.* Saint-Brieuc, 1881, in-8.

Estourbeillon (Comte Regis de l'). *Légendes du pays d'Avessac,* 1882, in-18.

— *Saint Benoit de Macerac et ses légendes,* 1883, in-8.

— *Itinéraire des moines de Landévennec.* Saint-Brieuc, 1889, in-8.

Fouquet (Docteur). *Légendes du Morbihan.* Vannes, Cauderan, 1857, in-12.

(Goudé : Le chanoine). *Histoires et légendes du pays de Châteaubriant.* Châteaubriant, 1879, in-8.

Guillotin de Corson. *Récits historiques, traditions et légendes de la Haute-Bretagne.* Rennes, Gaillet, 1870, in-12.

— *Statistique des cantons de Bains, Redon, etc.* (Mém. de la Soc. arch. d'Ille-et-Vilaine, 1878).

Habasque. *Notions historiques sur le littoral des Côtes-du-Nord.* Saint-Brieuc, Guyon, 1832-1836, 3 in-8.

Herpin (Eugène). *La Côte d'Emeraude.* Rennes, H. Caillière, 1894, in-8.

Jollivet (B.). *Les Côtes-du-Nord, Histoire et Géographie.* Guingamp, B. Jollivet, 1854 et suiv., in-8.

Jouön des Longrais. *Jacques Doremet,* suivi de la Cane de Montfort. Rennes, Plihon, 1894, in-18.

Kerbeuzec (Henri de). *La légende de saint Rou.* Rennes, Simon, 1894, in-18.

Le Claire (abbé). *L'ancienne paroisse de Carentoir.* Vannes, Lafolye, 1895, in-8.

Ogée. *Dictionnaire de Bretagne,* éd. Marteville. Rennes, 1843-1853, 2 in-8.

Oheix (Robert). *Bretagne et Bretons.* Saint-Brieuc, 1886, in-18.

Orain (A.). *Curiosités, Croyances, etc. de l'Ille-et-Vilaine.* Rennes, p. in-12.

Pitre de l'Isle du Dreneuc. *Dictionnaire archéologique de la Loire-Inférieure.* (Saint-Nazaire), Nantes, 1884, in-8.

Revue de Bretagne, de Vendée et d'Anjou (passim).

Revue des Traditions populaires (passim).

Sébillot (Paul). *Contes populaires de la Haute-Bretagne,* 1re série. Paris, Charpentier, 1880, in-18.

— *Traditions et superstitions de la Haute-Bretagne.* Paris, Maisonneuve, 1882, 2 in-12 elzévir.

— *Petites légendes chrétiennes de la Haute-Bretagne.* Paris, Leroux, 1885, in-8. (Extr. de la Revue de l'histoire des Religions).
Légendes I, II, V, IX, X, XI, XXII, XXIV-XXIX.

— *Légendes, croyances et superstitions de la Mer.* Paris, Charpentier, 1886-1887, 2 in-18.

— *Coutumes populaires de la Haute-Bretagne.* Paris, Maisonneuve, 1886, in-12 elzévir.

Semaine religieuse du diocèse de Rennes.

Société d'émulation des Côtes-du-Nord.

Société polymathique du Morbihan.

I

Sainte Blanche et les Anglais

Il était une fois un petit garçon dont la mère mourut; son père, qui était capitaine de navire, resta avec lui et cessa de naviguer pour l'élever de son mieux. Mais quand ses économies eurent été mangées, il recommença à naviguer, après avoir mis son fils au collège. Celui-ci, qui apprenait tout ce qu'il voulait, entra à l'école navale, en sortit officier, et, en se battant contre les Anglais, il devint capitaine de vaisseau.

Cependant les Anglais débarquèrent en France; partout où ils passaient, ils dévastaient tout, brûlaient les églises et les châteaux, éventraient les couettes pour mettre les plumes au vent, et quand ils ne pouvaient plus boire, ils défonçaient les tonneaux pour s'amuser à voir le cidre courir dans les ruisseaux.

Il y avait dans ce temps-là, au village de l'Isle en Saint-Cast, une jeune fille, nommée Blanche, qui était un modèle de sainteté. Plusieurs fois ce pays avait été envahi par les Anglais, qui prenaient aux pauvres pêcheurs leurs bateaux et leurs filets. Un jour qu'ils étaient débarqués à l'Isle, ils surprirent Blanche qui disait ses prières du soir dans une vieille chapelle. Ses voisins eurent beaucoup de chagrin de la voir ainsi emmenée, car elle était aimée de tout le monde; mais elle leur dit de ne pas pleurer, parce que dans huit jours elle serait de retour à Saint-Cast.

Blanche fut conduite à bord d'un des vaisseaux, et l'escadre anglaise mit à la voile; quand elle fut arrivée dans le port de Londres, tous les Bretons qui avaient été enlevés furent désignés pour être *guillotinés*. L'exécution devait avoir lieu devant le Palais du roi, et on embarqua les condamnés dans des chaloupes pour les y conduire. Blanche, qui était avec les autres, s'écria tout d'un coup, en sautant à la mer :

— Je ne suis plus en votre pouvoir, Dieu m'appelle, et je retourne en Bretagne.

Un des Anglais essaya de la retenir, et il lui coupa même deux doigts de la main gauche; mais Blanche se dégagea, et elle se mit à marcher sur l'eau, où sa trace reste marquée par un ruban de mer plus blanc que l'eau voisine. Quelques heures après elle était de retour dans son pays.

Les habitants furent bien étonnés de la voir revenir sur l'eau, et tous les journaux du temps (*sic*) racontèrent comment Blanche s'était sauvée

Le chemin de sainte Blanche, dessin de PAUL CHARDIN

des mains des Anglais. Le capitaine de vaisseau, qui était aussi du pays, vint pour la voir, et s'apercevant que c'était une sainte, il lui demanda comment faire pour battre les Anglais; car il devait prochainement prendre le commandement d'une expédition contre eux : Blanche lui donna des conseils, et lui assura que dans quinze jours il reviendrait vainqueur.

Le capitaine suivit les avis de la jeune fille, et

quand, après avoir battu les Anglais, il revint pour la remercier, il tomba amoureux d'elle, et Blanche consentit à l'épouser. Elle suivait son mari partout, même à la guerre. Un jour leur navire fut entouré d'ennemis ; le capitaine fut tué à son poste, et le découragement se mit parmi l'équipage. Mais Blanche sauta à la mer, et, marchant sur les eaux, elle se dirigea vers les Anglais. Ceux-ci eurent tant de peur qu'ils s'enfuirent. Alors Blanche revint à bord, et ramena le vaisseau en France.

Elle pleura beaucoup son mari, et avec les sept enfants qu'elle avait eus de son mariage, elle se retira dans son village, où elle continua la vie d'une sainte. Quand elle mourut, on l'enterra dans la chapelle où elle avait coutume de prier, et depuis les gens du pays l'invoquent sous le nom de sainte Blanche.

Ses enfants furent tous les sept des évêques et des saints, et s'ils ne sont pas morts ils vivent encore.

(*Conté en 1884, par François Marquer, de Saint-Cast*).

Dans cette légende, où l'on trouve un singulier mélange d'anachronismes et d'emprunts à l'histoire populaire des guerres avec les Anglais, sainte Blanche est un personnage en chair et en os, une sorte de Jeanne d'Arc maritime : dans le récit suivant, ce n'est plus une sainte, c'est la statue elle-même, qui est funeste aux Anglais et opère des miracles.

II

La statue de sainte Blanche

Au temps jadis, lorsque les Anglais enlevaient les pêcheurs avec leurs bateaux, et qu'ils volaient les saints dans les églises, la statue de sainte Blanche, qui se trouvait à sa chapelle de l'Isle en Saint-Cast, fut mise sur un de leurs navires pour être transportée en Angleterre.

Pendant la traversée, les Anglais lui firent mille affronts, et même ils lui coupèrent deux doigts, au moment où le navire entrait dans le port de Londres. Mais la statue sauta par dessus le bord, et elle se mit à marcher sur l'eau comme une personne vivante. A cette vue, les Anglais furent saisis d'épouvante, et ils firent feu sur elle ; mais au même instant le tonnerre tomba sur le vaisseau, qui fut mis en pièces, et les hommes qui le montaient furent brûlés ou noyés. C'est alors que les Anglais crurent que sainte Blanche était vraiment puissante, et qu'il ne faisait pas bon se moquer d'elle.

Cependant la statue continua sa route pour retourner à sa chapelle, et partout où ses pieds ont touché la mer, les traces sont restées sur l'eau, qui est plus claire que partout ailleurs; c'est ce qu'on appelle encore aujourd'hui le « Chemin de sainte Blanche ».

Quand les habitants de Saint-Cast apprirent que leur sainte avait échappé aux Anglais, ils coururent à la chapelle, et furent bien heureux de la retrouver à la place même où elle était avant d'avoir été enlevée.

Mais les Anglais étaient furieux contre elle, parce qu'elle avait fait tomber le tonnerre sur leurs compagnons, et ils revinrent à Saint-Cast pour enlever de nouveau sainte Blanche et la brûler. Alors, la statue qui connaissait leurs projets, se cacha dans une cheminée, et ils ne purent la trouver. Quand les Anglais furent partis, elle sortit de sa cachette et alla se remettre à sa place; mais la fumée l'avait noircie, et les gens de l'Isle, qui croyaient que leur sainte revenait encore d'Angleterre disaient : « Ce n'est plus sainte Blanche, mais sainte Noire ».

(*Conté en 1883 par François Marquer*).

D'après une autre version, dès que la sainte eut mis le pied en Angleterre, elle disparut si subitement qu'on ne sut ce qu'elle était devenue. Elle traversa pourtant la mer, et de Saint-Cast on la vit marcher sur l'eau. Quand elle aborda, elle n'avait point les pieds mouillés, et elle alla d'elle-même se replacer dans sa niche, qui était alors dans une vieille maison. Celle-ci s'écroula, mais la statue n'eut d'autre mal qu'une égratignure au doigt. Depuis le lieu de la côte anglaise d'où elle partit jusqu'à Saint-Cast, il y a sur la mer une trace blanche qu'on appelle le chemin de Sainte-Blanche.

La *Vie des saints de Bretagne* fait mention d'une sainte Blanche, épouse de saint Fracan, qui vivait à Ploufragan au v⁰ siècle, et qui est fêtée le 30 octobre ; aucun des épisodes de notre légende n'y figure.

On raconte que jadis un habitant de Saint-Cast, étant tombé dangereusement malade, fit un vœu à sainte Blanche, et lui promit de faire repeindre sa statue que la fumée avait toute noircie. Dès qu'il fut guéri, il porta la statue chez un peintre auquel il raconta sa maladie et son vœu. Le peintre lui dit que ce n'était pas difficile, et il assura à son client que dans huit jours la statue serait aussi fraîche que lorsqu'elle était neuve. Le lendemain il se mit à l'ouvrage, et ayant voulu placer un peu de peinture rose sur les joues de la sainte, il lui fut impossible de la faire tenir ; après avoir essayé à plusieurs reprises, il vit bien que la sainte voulait garder son nom et qu'elle ne voulait souffrir ni rose ni rouge sur sa figure.

La statuette de sainte Blanche est encore à l'Isle de

Saint-Cast ; elle se trouve dans une maison située auprès de l'endroit où était sa chapelle. Elle a soixante centimètres environ de hauteur, et elle tient à la main une petite baguette. On voit souvent à côté, de petits bonnets que les mères offrent pour que leurs enfants soient préservés des croûtes à la tête.

Sainte Blanche est invoquée à Saint-Cast pour la guérison du mal blanc, qui se nomme aussi le mal Sainte-Blanche ; il consiste en une infinité de petits boutons qui couvrent entièrement le corps. On vient tremper les chemises des malades à une fontaine dite de sainte Blanche, au bas de la falaise. Une chapelle et une fontaine, qui sont dédiées à cette sainte, se trouvent près de l'abbaye en ruine de Lantenac, dans la forêt de Loudéac. Elle a tous les jours de nombreux visiteurs. On y vient de fort loin, tellement l'eau est réputée favorable à la guérison de cette maladie. Il faut boire un peu de cette eau et porter une chemise qui ait été trempée dans la fontaine, et toujours séchée à l'ombre : il ne faut pas oublier une prière et l'offrande à la bienheureuse. Il est recommandé aussi de ne pas négliger le culte de saint Froumi et de saint Pontin dont les images se trouvent aux côtés de sainte Blanche. (*Revue des Traditions populaires*, t. IV, p. 164).

III

Les taches de la mer et les saints

Les légendes qui attribuent à des épisodes de la vie des saints les taches qui se voient sur la mer sont assez nombreuses en Haute-Bretagne. Aux environs de Saint-Malo on appelle « Sentes de la Vierge », des espèces de sentiers d'une couleur plus blanche, dont la teinte laiteuse tranche sur le bleu de la mer ; quand on les voit distinctement, les pêcheurs se réjouissent, parce que l'on croit que c'est la trace du passage de la bonne Vierge, qui descend sur les flots agités, et passe rapidement un peu partout pour les calmer.

⁕

M. E. Herpin a inséré dans son livre la *Côte d'Emeraude*, une légende qui se rattache au fait historique de la bataille de 1758. Bien que j'aie longtemps séjourné à Saint-Cast, je ne l'y ai jamais entendue, ce qui ne veut pas dire qu'elle y soit inconnue.

Au moment de la bataille, une belle dame blanche s'éleva dans l'air, sortant du vieux puits de Saint-Cast ; c'était la sainte Vierge qui jusqu'alors avait vécu sous la forme d'une petite statue dans la niche étroite creusée dans la pierre du vieux puits. Elle s'envolait vers la mer, si vite, si vite, allant et venant au bord du rivage, qu'on eût dit un long voile de mousseline qui se déroulait sans fin, une étrange traînée de brouillard planant au ras du flot, mystérieuse, indécise, impalpable. Et à distance, ce long voile de mousseline, cette étrange traînée de brouillard semblait être la crête des dunes. Voilà pourquoi tous les canons anglais tirèrent trop haut, durant la bataille.

Les longues traînées blanches qui se croisent, s'entrelacent et se déroulent sont, dit la légende, l'ineffaçable sillage qu'a laissé sur l'azur du flot la robe miraculeuse de la Vierge lorsqu'elle glissait comme une céleste apparition, au long des vaisseaux anglais, pour leur voiler nos gars embusqués dans les dunes.

Dans la baie de la Fresnaye (Côtes-du-Nord), quand le temps est calme et la mer haute, on voit une marque blanche qu'on appelle le « Sillon de saint Germain ». Voici son origine : au temps jadis la statue de ce saint, auquel est dédiée, à l'extrémité de la commune de Matignon, une chapelle, débris d'une ancienne église paroissiale et but d'un pèlerinage annuel, se trouvait à Plévenon, le jour où devait avoir lieu le pèlerinage ; il faisait si mauvais temps qu'aucun bateau ne pouvait se risquer sur la mer. Pour ne pas contrarier les fidèles qui étaient venus à sa chapelle, la statue du saint se mit en mouvement, et traversa la mer toute seule. Le sillon blanc est la trace de ses pas. Dans la même baie une autre raie se nomme « Chemin de saint Jean ».

A Frégéac, vers l'embouchure de la Vilaine, est la petite chapelle de saint Jacques : quelquefois, lorsque le vent souffle vers l'amont de la rivière de Vilaine, il pousse devant lui un rouleau d'écumes que les habitants du pays appellent le « Chemin de saint Jacques » : c'est la route que suivit le saint lorsque remontant la Vilaine en marchant sur les eaux, il voulut s'arrêter à Rieux.

(PAUL SÉBILLOT. *Légendes de la mer*, t. I, p. 184).

On trouvera un peu plus loin une version de cette légende plus détaillée.

IV

Saint Riowen marchant sur les eaux

Saint Riowen, moine du monastère de Redon, vers l'an 837, est devenu depuis une époque très reculée, patron de la frairie de la Haye, en Avessac, où son souvenir est encore conservé dans la dénomination du village de *Rozrion* (tertre de Rion ou Riowen) et dans celle du *Domaine de saint Riowen* (matrice cadastrale, section B, n° 1593).

Saint Riowen, dit la tradition locale, aimait tout particulièrement Avessac et surtout les bords de la Vilaine, qu'il remontait souvent pour venir soulager ou soigner les malheureux.

Un jour que les eaux, grossies par la marée et la tempête, avaient emporté sa petite barque pendant qu'il était à soigner un pauvre, on le vit, après une courte prière, marcher sur les eaux à pied sec, et, s'avançant sur les flots, gagner ainsi sans crainte son monastère de Redon. Aussi, est-il souvent invoqué, dans les mauvais temps, par les bateliers du Don et de la Vilaine et les pêcheurs d'anguilles de Murain.

(*Traditions locales recueillies par le marquis de l'Estourbeillon*).

La *Vie des saints de Bretagne* relate plusieurs miracles de personnages marchant sur l'eau, et parmi eux celui de Riowen, moine de la suite de saint Convoyon qui, n'ayant pas trouvé de bateau, traverse ainsi la Vilaine ; saint Guénolé frappe la mer avec son bourdon et elle devient solide comme un chemin.

V

Saint Clément

Un jour saint Clément, portant son ancre au cou, voulut traverser la grève entre Saint-Servan et Saint-Malo ; mais la grande marée le surprit, et comme le poids de son ancre l'empêchait de se sauver, il se noya.

Un an après, la mer se retira plus que d'habitude, et une femme, qui pêchait au bas de l'eau, vit le corps de saint Clément étendu auprès d'un rocher, et aussi frais que s'il venait de se noyer. Elle reconnut qu'il était saint, et posant son enfant, qu'elle avait amené avec elle, elle s'agenouilla auprès du cadavre et pria jusqu'à ce que la mer vînt mouiller ses pieds. Elle n'eut que le temps de s'enfuir en toute hâte, oubliant son enfant près du corps du saint.

L'année suivante la mer se retira encore, et la femme vint au bas de l'eau, à l'endroit où elle avait vu le corps de saint Clément. Lorsqu'elle y arriva, son fils dormait à la place où elle l'avait laissé un an auparavant ; bientôt il se réveilla, se frotta les yeux et se mit à appeler sa mère.

On assure aussi que lorsque saint Clément fut noyé il surgit une chapelle auprès de son corps.

Ce récit, qui a été recueilli dans les environs de Saint-Malo, diffère, par les détails seulement, d'un épisode de la vie de saint Clément qu'on peut lire dans la *Légende dorée* (éd. Brunet, t. II, p. 205-6). Dans la version de Jacques de Voragine, le saint, au lieu de se noyer par accident, est jeté à la mer par un persécuteur. Le miracle de la mer qui se retire a disparu du récit populaire, qui l'a remplacé par le phénomène beaucoup plus naturel des marées d'équinoxe qui découvrent de si vastes espaces ; l'épisode de l'enfant est, aux détails près, semblable à celui de la légende du littoral, qui pourrait bien avoir été empruntée à la vie de saint Clément, très populaire comme on le sait parmi les gens de la mer. Peut-être aussi a-t-il circulé un livret de colportage où la vie du saint, extraite de la *Légende dorée*, aura surtout reproduit les épisodes de la vie de saint Clément qui sont en relation avec la mer.

VI

Saint Clément et les vents

IL y avait une fois un capitaine de Saint-Cast qui sortit du port de Saint-Malo pour se rendre à Terre-Neuve. Comme il passait près du Légeon, il vit sur le rocher un homme qui appelait au secours. Il fit aussitôt mettre la chaloupe à l'eau et le naufragé fut amené à bord.

En ce temps-là il n'y avait pas de vent sur la mer, et les navires étaient obligés d'aller dans le sens du courant, ou bien on les faisait marcher à force de rames. On avait jeté l'ancre pour recueillir le naufragé, et le capitaine dit à ses matelots d'aller se coucher en attendant que la marée permît de recommencer la route. Il se trouva alors seul avec l'homme qu'il venait de sauver, et celui-ci lui dit :

— Où allez-vous, capitaine ?
— A Terre-Neuve.
— A Terre-Neuve ! je ne vous vois pas arrivé.
— J'arriverai avec le temps, et j'espère faire une bonne année.

— Je puis vous porter chance, dit le naufragé ; mais il faut que pour cette fois, vous renonciez au voyage de Terre-Neuve.

— Quelle idée avez-vous là ! s'écria le capitaine, si je ne vais pas au banc, que deviendront ma femme et mes enfants ?

— Ils n'y perdront rien, bien au contraire ; ramenez-moi à Saint-Malo et je vous enseignerai mon secret.

Le capitaine fit lever l'ancre et revint à Saint-Malo. Le naufragé lui dit alors :

— Vous avez entendu parler des vents, capitaine ?

— Oui, et j'ai même ouï dire que le roi donnerait son plus beau vaisseau au marin qui pourrait les amener sur l'Océan.

— Hé bien ! si vous voulez m'écouter, c'est vous qui aurez le beau vaisseau du roi. Vous allez partir pour le pays des vents, et ils vous suivront ; mais auparavant, il faut que je vous dévoile mon secret. Lorsque j'étais sur le rocher, je me serais bien sauvé tout seul si j'avais voulu, car je suis un saint puissant et je m'appelle saint Clément ; mais j'ai voulu voir si vous aviez bon cœur, et, puisque vous m'avez secouru, il est juste que je vous récompense. Approchez votre bouche de la mienne.

Le capitaine obéit, le saint lui souffla dans la bouche et lui dit :

— Depuis que les vents sont vents, c'est moi qui les gouverne et ils m'obéissent. Quand vous serez en leur présence, vous n'aurez qu'à siffler, et il vous obéiront comme à moi. Vous les ferez monter à votre bord, et quand ils seront sur l'Océan, vous aurez le beau navire du roi.

Le capitaine remercia le saint, qui disparut aussitôt. Il partit pour le pays des vents, et il fut longtemps à aller, car les marées n'étaient pas toujours favorables et les matelots se lassaient de ramer sans cesse. Enfin on arriva au pays des vents. Le capitaine descendit à terre, et quand il fut en présence des vents, il dit à Nord, leur chef :

— Capitaine, il y a longtemps que vous êtes dans ce pays, ainsi que vos matelots ; j'ai reçu l'ordre de vous emmener ailleurs et je viens vous chercher.

Nord, qui ne voulait pas suivre le capitaine, se mit en colère, et lui et tous ses matelots soufflèrent sur le pauvre capitaine, qu'ils faisaient tourbillonner en l'air comme une feuille morte. Il se rappela alors le pouvoir que lui avait donné saint Clément, et il siffla de toute sa force ; aussitôt les vents s'apaisèrent, devinrent doux comme des moutons, et le suivirent à bord.

Le navire ne mit pas grand temps à se rendre en France, car les vents soufflèrent constamment sur les voiles ; on marchait aussi bien de flot que de jusant, et les matelots étaient joliment contents de n'avoir plus à tirer sur les avirons.

Le capitaine débarqua les vents à terre ; ils se dispersèrent sur l'Océan, où depuis ils ont toujours soufflé, et grâce à eux les matelots n'ont plus besoin de ramer pour faire avancer les navires.

Le roi de France était bien content ; il fit venir le capitaine et lui donna son plus beau vaisseau. Le capitaine cessa de naviguer peu de temps après, et il resta à vivre à Saint-Cast, avec sa femme et ses enfants. En reconnaissance du service que saint Clément lui avait rendu, il fit placer sa statue dans l'église paroissiale où elle est toujours restée depuis.

(PAUL SÉBILLOT. *Légendes de la Mer*, t. II, p. 136).

Lorsqu'il fait tout calme les matelots de la Haute-Bretagne invoquent souvent

> Saint Clément
> Qui gouverne la mer et le vent.

et il lui disent :

> Bien heureux saint Clément
> Donnez-nous du vent.

Après avoir sifflé, ils lui font une petite prière ; s'il ne se hâte pas de faire souffler la brise, ils se mettent à jurer, l'insultant et l'appelant Pierrot.

Autrefois à Saint-Cast, lorsque les marins avaient fait bonne pêche, ou s'ils n'avaient pas été contrariés dans leur voyage, ils allaient porter de la raie à saint Clément. Cette coutume est tombée en désuétude.

On racontait naguère à Saint-Cast que les marins avaient acheté une ancre à saint Clément, leur patron. Un matin, le recteur, en entrant dans l'église, s'aperçut que l'ancre était tombée des mains du saint. Il cria au miracle et sermonna ses paroissiens, leur disant que le saint abandonnait les marins. Ils vinrent tous se jeter aux pieds du saint, le priant de ne pas leur retirer sa protection. Depuis ce moment ils l'ont pris pour leur patron définitif et ne cessent de l'invoquer dans les plus grands périls. Saint Clément a sa statue dans plusieurs églises de la côte ; celle qu'on voit à Saint-Cast a environ un mètre de hauteur; elle est en bois, le saint est représenté en costume de pape ; il a une croix dans la main droite et une ancre à la main gauche.

VII

Saint Clément et la tempête

Au temps jadis, saint Clément résolut de traverser la mer pour aller chez les infidèles prêcher la religion chrétienne. Il se fit construire un petit bateau, à bord duquel il s'embarqua.

Pendant qu'il était sur mer, il s'éleva une violente tempête. Saint Clément tint vaillamment tête à l'ouragan et continua son voyage sans s'émouvoir. Sur sa route il rencontra un navire, et les marins qui le montaient, voyant ce petit bateau avec un seul homme dedans, crurent que c'était un naufragé ; ils mirent le cap dessus, et quand ils furent à portée, le capitaine proposa au marin de le prendre à son bord. Saint Clément accepta, à la condition qu'on embarquerait aussi son canot. Le petit bateau fut hissé à bord et saint Clément monta sur le navire qui, revenant des mers de Chine, se dirigeait vers les côtes de France.

Ce n'était pas la France que saint Clément désirait visiter ; mais comme le capitaine et les matelots parmi lesquels il se trouvait n'étaient pas chrétiens, il résolut, avant de les quitter, de les convertir. Il se fit d'abord connaître à eux en leur racontant la mission qu'il avait reçu de Dieu. En l'entendant ainsi parler, le capitaine et les matelots pensèrent qu'ils avaient affaire à un vieux marin que la tempête qu'il avait essuyée à bord de son petit bateau avait rendu fou ; et comme le vent continuait à souffler avec rage et qu'ils avaient fort à faire, ils le laissèrent et ne firent plus attention à lui.

Le lendemain l'homme de vigie aperçut la terre, et le capitaine reconnut qu'il longeait la côte de Bretagne. La mer à cet endroit était plus houleuse qu'au large, et le vent soufflait avec plus de force que jamais. Le capitaine commanda de virer de bord, et les matelots exécutèrent la manœuvre ; mais le navire manqua à virer : ils essayèrent une seconde fois, puis une troisième ; mais ce fut en vain. Le capitaine voyant qu'il était impossible de lutter contre la tempête, fit jeter les ancres dehors et amener et carguer partout ; cela ne servit pas à grand'chose, car le navire une fois mouillé traînait ses ancres, et la mer et le vent le poussaient violemment vers la côte. Tout le monde à bord se considérait déjà comme perdu ; seul saint Clément ne paraissait même pas y faire attention. Cependant il se dirigea vers son canot, qui était toujours sur le pont du navire, en tira une petite ancre de quinze à vingt livres qu'il étalingua (attacha) à un bout de corde et lança à la mer ; les matelots le regardèrent avec pitié, car ils croyaient réellement avoir affaire à un fou ; mais un moment après, à leur grande surprise, ils s'aperçurent que le navire ne bougeait plus ; l'ancre de saint Clément avait mordu le fond, et de plus la tempête était calmée, et la mer, d'agitée qu'elle était, était devenue droite comme un papier. Surpris de ce miracle, le capitaine et les matelots tombèrent à genoux devant saint Clément et lui demandèrent pardon de s'être moqués de lui. Ils se convertirent tous à la foi chrétienne, et aussitôt débarqués, le capitaine emmena saint Clément à sa maison et le pria de rester avec lui, mais il refusa et quitta le pays.

Le capitaine reconnaissant envers ce saint fit bâtir une chapelle en son honneur.

(*Conté en 1892 par François Marquer*).

VIII

Pourquoi Saint-Jacut n'est plus une île

Au temps jadis, Saint-Jacut-de-la-Mer était une île, et le principal village, qui porte encore le nom de l'Isle, était de tous côtés entouré par l'eau. Quand il faisait mauvais temps, les Jaguens ne pouvaient communiquer avec la terre ferme et ils en étaient bien marris.

Un jour que la mer était grosse, un pêcheur de Saint-Jacut essaya d'aller en bateau à Trégon; mais il ne put y réussir, et il ramena son embarcation dans le havre. Après l'avoir solidement amarrée, il se disposait à s'en aller, quand il rencontra un bonhomme qui avait la mine d'un ancien pêcheur, et qui lui demanda la charité.

— Je ne sé (suis) pas riche, répondit le Jaguen, et je n'ai brin de pain sez ma (pas de pain chez moi); mais si tu veux veni' o ma, (venir avec moi), tu mangeras des patates.

Le bonhomme accepta, et pendant trois jours le Jaguen le traita de son mieux: au bout de ce temps, l'homme se disposa à partir, et il demanda à son hôte combien il lui devait pour l'avoir nourri et couché.

— Je ne vous demande ren, répondit le pêcheur, car vous n'ez (n'avez) pas la mine pu' riche que ma, et entre pauvres gens i' faut s'entraider.

— Eh bien, mon ami, c'est Dieu qui vous récompensera, répondit le bonhomme,

Et comme le pêcheur partait pour la pêche, le saint toucha un de ses filets, et lui dit :

— Adieu, mon ami, je vous souhaite bonne chance ; tâchez de prendre beaucoup de poissons ; je reviendrai vous voir.

Le saint disparut, et le pêcheur alla à la mer, en maugréant un peu, car on sait qu'il ne faut pas souhaiter bonne chance à ceux qui vont à la pêche.

Pourtant à cette marée, il prit beaucoup de poissons ; le lendemain il en prit encore davantage, et toutes les fois qu'il sortait, par bon ou mauvais temps, il avait autant de poissons qu'il en pouvait porter. Il était bien content, et il remarquait que les poissons se prenaient toujours dans les mêmes filets — ceux que le saint avait touchés, — et qu'ils n'avaient jamais besoin de réparation.

Bientôt il fut à l'aise, et il devint même l'homme le plus riche du pays. Il attendait toujours la visite du bonhomme, qui avait promis de venir le voir.

Un jour il le trouva à sa porte et il fut bien content ; il lui offrit de demeurer pour toujours avec lui, et il lui demanda qui il était. Le saint lui raconta alors sa vie, et lui dit que Dieu l'envoyait prêcher la religion aux infidèles.

— Vous aurez besoin de courage, grand saint, lui répondit le Jaguen ; car, à coup sûr, vous serez persécuté.

Le lendemain saint Jacut commença ses prédications ; mais les Jaguens ne voulurent pas l'écouter, et ils le dénoncèrent au seigneur du pays, qui envoya des soldats pour se saisir de lui.

Le saint, en voyant cette troupe de gens armés, eut peur, et il s'enfuit ; mais comme la mer était haute et qu'elle entourait l'île, il ne savait comment s'échapper. Arrivé sur le bord, il se mit en prière, et posant la main sur l'eau, il dit : « Je désire qu'une terre relie cette île au continent. »

Aussitôt une langue de terrain sembla sortir du fond de la mer, et forma une sorte de route, sur laquelle le saint marcha à pied sec.

Quand il fut passé sur la terre ferme, il se retourna et dit :

— Tant que le monde sera monde, ceci existera.

C'est depuis ce temps que la paroisse de Saint-Jacut est devenue une presqu'île.

A la vue de ce miracle, les Jaguens cessèrent de

persécuter le saint, et quand il mourut, ils les avait presque tous convertis à la foi chrétienne.

(*Recueilli à Saint-Cast par François Marquer.*)

On m'a montré à Saint-Jacut, il y a environ vingt-cinq ans, un rocher isolé qui, vers son milieu, avait une dépression, et l'on disait que c'était la marque de la corde du bateau de saint Jacut.

Saint Jacut, prince de Domnonée, premier abbé du monastère qui porte son nom, ve siècle (5 mars), est le patron de Saint-Jacut-du-Mené, de Saint-Jacut-de-la-Mer, de Saint-Jacut-sur-Ars ; ancien patron de Gicquelleau, il a des chapelles à Dirinon et à Plestin.

Ce saint figure aussi dans une légende du Morbihan, intitulée les Sept Saints, qu'on trouvera plus loin.

IX

Saint Cieux

N trouva saint Cieux dans un rocher, où l'on montre encore son berceau et l'empreinte de son premier pas. Il était en effet tout petit, et personne ne savait d'où il venait.

Quand il fut en âge de gagner sa vie, il devint pêcheur, et tout en faisant son métier, il se mit à prêcher la religion chrétienne, mais il rencontra de mauvaises gens qui le tuèrent sur la falaise vis-à-vis la pointe Saint-Martin.

A l'endroit où tomba saint Cieux, il y avait une grande tache de sang, et l'on y voit encore une traînée rouge ; on dit dans le pays que c'est le sang de saint Cieux.

Au temps jadis, on y planta une croix ; mais comme la mer rongeait la falaise, on la transporta plus haut, à l'endroit où on la voit actuellement, et qui est un peu plus éloigné du rivage.

(*Tradition orale de Lancieux*).

D'après Jollivet (*Les Côtes-du-Nord*, t. II, p. 338), on montre près du rocher appelé Berceau de saint Cieux, le sentier qu'il gravit, sur le bord duquel est placée une croix qui porte son nom. Tout près sont un port et une fontaine, dits aussi de saint Cieux. La fontaine se nomme aussi « mine d'eau », et comme l'eau qui s'en échappe tombe en gouttes ressemblant à des pleurs, on a nommé celles-ci « les larmes de saint Cieux ».

On raconte à Lancieux une autre légende assez différente :

Il y avait une fois huit frères qui vinrent d'Angleterre en Bretagne, pour y prêcher la religion chrétienne : c'étaient saint Cast, saint Jacut, saint Cieux, saint Briac, saint Lunaire, saint Enogat, saint Malo et saint Servan. Saint Cieux débarqua à l'endroit qu'on appelle le port Saint-Cieux.

Ancienne statue de saint Briac.

Il bâtit l'église de Lancieux, qui était jadis sur une butte, auprès du moulin de la Touche, sur la route de Ploubalay. Quelque temps après la mort de saint Cieux, on transporta son corps dans l'église qu'il avait bâtie ; mais le lendemain, on le trouva sur le bord de la falaise. On le rapporta plusieurs fois dans l'église, mais comme on le retrouvait toujours le lendemain au bord de la mer, on comprit qu'il voulait que l'église fût à l'endroit où on la voit aujourd'hui ; dès que le corps du saint eut été mis dans l'église neuve, il resta tranquille dans sa tombe.

Pendant la Révolution, toutes les statues des saints qui ornaient l'église furent brûlées, mais on eut beau mettre dans le feu celle de saint Cieux qui est au-dessus de l'autel, on ne put parvenir à la brûler.

Les récits relatifs à saint Cieux et à saint Lunaire, ont été recueillis en 1884, à Lancieux, par Mlle Marthe Gesnys, ma nièce, alors âgée de treize ans.

L'épisode du saint qui ne veut rester que dans le lieu qu'il a choisi, est fréquent dans les légendes religieuses de tous les pays ; ici cette préférence sert à expliquer pourquoi l'église actuelle est à l'une des extrémités de la paroisse. On remarquera que les huit frères prétendus sont exactement dans l'ordre qu'occupent — en partant de Saint-Cast — les paroisses qui portent leur nom. Le nom de saint Servan a peut-être été ajouté à une époque moderne ; comme dans les légendes similaires les saints devaient être au nombre de sept.

Saint Cieux, ou Cieu, disciple de saint Brieuc, vi^e siècle (26 mars), est invoqué dans les nécessités publiques. Il est le patron de Lancieux.

X

Le pied de saint Cast

Il était une fois un saint qui vint de l'Irlande en Bretagne pour y prêcher la religion chrétienne. Il débarqua au pays qui porte maintenant le nom de Saint-Cast, mais les habitants, le prenant pour un pirate, voulurent le chasser. Le saint les rassura et se fit connaître à eux.

Alors le seigneur du pays le fit appeler et lui dit :

— Puisque tu es saint et que tu te prétends envoyé par Dieu, opère un miracle et nous croirons en toi.

— Hé bien, répondit saint Cast, pour prouver la vérité de ce que j'ai dit, j'imprimerai mon pied sur le rocher, à l'endroit où je suis débarqué.

Suivi du seigneur et d'une foule de gens, il descendit la falaise et, étant arrivé au rocher sur lequel il était sauté en abordant, il frappa du pied, et la marque resta empreinte sur le rocher.

— Tant que le monde sera monde, dit saint Cast, mes pieds resteront marqués ici.

Le seigneur fut si étonné de ce prodige, qu'il

emmena saint Cast à son château, et lui donna un terrain sur lequel il fit bâtir l'église.

(*Conté en 1885, par François Marquer, de Saint-Cast*).

✣

En haut du sentier qui monte de la belle grève de Saint-Cast au village de l'Isle, on voit sur le rocher une empreinte longue de cinquante centimètres environ, dont la forme rappelle en effet celle d'un grand pied. Dans le Morbihan, saint Cado, évêque et martyr, vi[e] siècle (1er novembre), a laissé, près d'Etel, une empreinte ayant à peu près la forme d'un pied de grandeur plus qu'humaine ; elle est entourée d'une grille et l'on a élevé à côté une croix ; c'est la glissade que fit saint Cado lorsqu'il s'élança pour empêcher le diable de détruire le pont que Satan avait bâti.

La légende suivante attribue à l'empreinte du pied de saint Cast une origine moins élevée.

Un jour saint Cast se promenait sur les rochers de l'Isle en compagnie d'un cordonnier, son ami. Comme il sautait d'une pierre sur l'autre, ses souliers, qui s'étaient usés à l'eau de mer, se déchirèrent et il resta les pieds nus. Il dit à son cordonnier :

— Il faudra me faire une paire de souliers, prends-moi mesure avant de me quitter.

Alors saint Cast posa le pied sur un rocher de la falaise, et il dit au cordonnier de marquer, car il n'avait pas de mesure avec lui ; mais le cordonnier ne pouvait rien tracer sur le rocher. Saint Cast frappa du pied sur la pierre, qui s'enfonça comme de la vase mouillée, et il dit :

— Maintenant, tu peux mesurer à ton aise la longueur et la largeur de mon pied ; car, tant que le monde sera monde, sa marque restera ici.

(Conté en 1883 par François Marquer).

Le calendrier breton place au 5 juillet saint Cast, évêque. Il y a une assemblée assez fréquentée au bourg de Saint-Cast, le second dimanche après la Saint-Pierre, elle porte le nom de la « Saint-Cast-Saint-Lunaire ; » ce saint est le deuxième patron de la paroisse. Tout près de l'église est une fontaine dite de saint Cast ; autrefois on y allait puiser de l'eau pour les personnes qui avaient mal aux yeux. Cette pratique, qui semble tombée en désuétude, se rattachait peut-être au culte de saint Lunaire, l'autre patron de la paroisse.

XI

Saint Lunaire

Lorsque saint Lunaire quitta l'Irlande pour venir prêcher l'Evangile en Bretagne, il s'embarqua seul sur un petit navire, et mit le cap sur la côte bretonne. Pendant trois jours il vécut heureux comme un roi ; mais, le quatrième, il fut entouré d'une brume si épaisse, qu'il ne pouvait plus reconnaître son chemin. Il se mit fort en colère contre la brume qui lui barrait la route, et, prenant son sabre, il le lui lança comme à une ennemie. Aussitôt elle disparut, et saint Lunaire put arriver à l'endroit qui porte aujourd'hui son nom ; et il aborda sur les rochers du Décollé, où l'on aperçoit l'empreinte de ses souliers.

Depuis ce temps les marins le nomment le patron de la brume, et ils l'invoquent quand elle les incommode.

(*Conté en 1888 par Pierre Le Clerc, de Saint-Cast*).

Voici l'incantation que les marins adressent à la brume :

> Brume, disparais de la mer,
> Ou tu seras coupée par la moitié,
> Avec un couteau d'acier.

Au hameau de Pontual, en Saint-Lunaire, on montre une pierre qui servit à amarrer le bateau du saint quand il vint évangéliser ce pays ; une autre pierre en forme de prie-Dieu, au-dessus du village des Landes, passe pour avoir servi au même usage. (P. Bézier. *Inventaire des mégalithes de l'Ille-et-Vilaine*, p. 70-71).

Sur le littoral on raconte encore l'épisode suivant de la vie du saint :

Au temps jadis, quand saint Lunaire vint prêcher la religion chrétienne sur les côtes de Bretagne, il apportait avec lui une pierre sacrée, pour la placer sur l'autel qu'il voulait ériger. Mais il la perdit, et comme il ne pouvait la retrouver, il était chagrin et se tourmentait beaucoup. Alors il se mit à prier Dieu, et une colombe la lui rapporta. C'est alors qu'il commença à construire une église.

Partie supérieure de la pierre tombale de saint Lunaire

Dans la vie de saint Lunaire, cet épisode figure aussi, avec quelques variantes : Pendant l'ouragan qui assaillit son navire, Lunaire dormait, et les matelots jetèrent à la mer son bagage, parmi lequel se trouvait son autel portatif. Le saint en fut vivement affligé ; mais quand il prit terre, en Armorique, deux colombes plus blanches que neige arrivèrent de la mer, tenant entre leurs pattes son autel qu'elles déposèrent à ses pieds. Au dernier siècle, le trésor de la paroisse conservait encore cette pierre sacrée, et pendant tout le moyen âge, on crut qu'un faux serment fait sur cette relique entraînait dans l'année même la mort du jureur.

M. A. de la Borderie a publié en 1881, sous le titre de : *Saint-Lunaire, son histoire, son église, ses monuments*, une monographie extrêmement intéressante, dans laquelle il fait ressortir le rôle civilisateur et défricheur du saint, rôle que la tradition populaire a oublié. C'est à cet ouvrage que nous avons emprunté ceux des détails ci-dessus qui ne figurent pas dans la tradition orale. Il est orné de gravures représentant, vu de face et de profil, le tombeau de saint Lunaire, dans l'ancienne église. Nous avons reproduit en entier la vue du profil, et seulement la partie supérieure de l'effigie vue de face, celle où la colombe rapporte l'autel ; le bâton épiscopal s'enfonce dans la gueule d'un monstre.

D'après la légende locale, on a maintes fois essayé de soulever la pierre tombale du saint ; elle paraissait si lourde que l'on était contraint toujours d'y renoncer.

Le culte de ce saint est très répandu en Haute-Bretagne ; lorsque les marins de Saint-Cast passent devant le dangereux passage du Décollé, ils récitent un *Pater* et un *Ave*, et disent :

Saint Lunaire,
Préservez-nous du naufrage en mer.

Il est le patron des églises paroissiales de Saint-Lunaire, Le Loscouët, Miniac-sous-Bécherel, Saint-Lormel, second patron de Saint-Cast, et il a une chapelle à Plouër ; à la Chapelle-Blanche (Côtes-du-Nord) est un ruisseau dit de saint Lunaire, et une croix qui porte son nom a été récemment érigée sur la pointe du Décollé. Sa fête est célébrée en général le premier jour de juillet ou le premier dimanche de juillet, et il est invoqué pour les maux d'yeux ; au Quiou, près Dinan, à Saint-Lunaire et au Loscouët, les malades viennent se laver à des fontaines placées sous son invocation ; à Saint-Lormel, l'eau dont ils se servent provient d'un puits placé sous la chaire de l'église.

Au Loscouët, la statuette du saint était dans une niche située sous le pont du Meu ; elle fut enlevée par une crue d'eau, et une bonne femme, qui la trouva dans un saule, l'emporta pieusement chez elle ; mais le saint ne voulut pas y rester, et quelque temps après on le retrouva dans sa niche où il était retourné de lui-même. (*Revue des Traditions populaires*, t. VII, p. 91, 105).

Statue de saint Lunaire sur son tombeau
dans l'ancienne église paroissiale.

XII

Saint Goustan

Au temps jadis, saint Goustan arriva à la côte du Croisic au milieu d'une tempête ; il se noya, et son cadavre fut trouvé sur le rocher qui supporte le pignon Nord-Ouest de la vieille chapelle.

On reconnut qu'il était saint, et l'on voulut lui élever une chapelle à cet endroit même ; d'abord on la construisit de façon qu'elle entourait le rocher ; mais les murs tombèrent. On en bâtit ensuite une autre qui n'était pas sur le rocher ; elle ne résista pas d'avantage. C'est alors qu'on prit le parti de construire un des pignons sur le rocher même, de façon qu'une partie du rocher se trouve en dedans et une autre partie en dehors. Depuis ce temps la chapelle a résisté.

On voit à l'intérieur une cavité qui est l'endroit où le corps du saint a été trouvé, et on y remarque l'empreinte de ses pieds.

Les habitants des environs du Croisic (Bourg-de-Batz et villages voisins), viennent encore rouler leurs petits enfants sur la partie extérieure du rocher, puis les portant dans les bras, font trois fois le tour de la chapelle en récitant des prières, afin que par l'intervention du saint leurs enfants se mettent à marcher.

Le lundi de Pâques, les jeunes gens et les jeunes filles, placés à deux pas de l'ouverture, viennent jeter une épingle dans une fente du volet d'une des petites ouvertures de la chapelle. Si l'épingle passe du premier coup dans la fente, le mariage doit avoir lieu dans l'année, sinon il est reculé d'autant d'années que l'on a essayé en vain de faire passer l'épingle.

(*Recueilli en 1892 par M. Maillard, conducteur des Ponts-et-Chaussés au Croisic, et communiqué par M. René Kerviler*).

※

Ogée rapporte, d'après Caillo jeune, que l'on avait voulu construire la chapelle ailleurs que sur le rocher, mais que chaque nuit l'ouvrage était détruit. On comprit qu'il fallait la bâtir sur le rocher où saint Goustan abordant au Croisic avait laissé l'empreinte de son corps.

Les femmes des marins y viennent en pélerinage, bien qu'elle soit au milieu du corps-de-garde, quand elles veulent obtenir que les vents cessent de souffler du sud. Quand, au contraire, elles veulent que le vent cesse de souffler du nord, c'est au Crucifix que se font les neuvaines. Cette chapelle a été démolie l'an dernier.

Saint Goustan, solitaire, VIIe siècle (28 novembre), est le patron d'Auray, d'Hœdic, de Saint-Gildas de Ruys.

XIII

Les pas de la Vierge

APRÈS avoir franchi la chaussée de l'étang Priou, à la sortie de Moncontour, on gravit, pour atteindre le haut de la colline sur laquelle est bâtie la chapelle de Notre-Dame-du-Haut, un sentier qui passe sur les rochers qui s'étagent tout le long du coteau. La sainte famille fuyant la colère d'Hérode, a suivi ce chemin pour se rendre en Egypte, et elle y a laissé des traces de son passage ; sur le premier rocher on remarque une empreinte de pied d'enfant : la sainte Vierge, fatiguée de porter le petit Jésus, le déposa un instant à terre, et l'empreinte du petit pied y est restée gravée.

Un peu plus loin, la Vierge tomba de fatigue sur un rocher, et sa jambe y est restée empreinte ; la marque toutefois affecte la forme d'une cuisse plutôt que celle d'une jambe. Autrefois les vieillards se mettaient à genoux dans ces deux endroits, et après avoir nettoyé les deux empreintes, ils les baisaient respectueusement. J'ai, dans mon enfance, été maintes fois témoin de cette scène de dévotion, qui est aujourd'hui tombée en désuétude. Du reste un exhaussement du chemin a enfoui cette empreinte.

A quelques pas de là on voit une pierre en forme de chaise ; la sainte Vierge s'y reposa, et y donna à boire à l'enfant Jésus : une goutte de lait qui tomba sur le granit s'y est pétrifiée ; c'est elle qui a produit la tache blanche que l'on remarque sur la paroi du rocher.

(*Recueilli par M. J. Carlo*).

⁂

A Cesson le pas de la Vierge est un étroit sentier pratiqué dans la montagne, que l'herbe ne recouvre jamais et par lequel la mère de notre Seigneur gravit un jour la côte. Elle était rendue de fatigue, et s'arrêtant au lieu où depuis on lui bâtit une chapelle, elle dit à saint Syphorien qui l'accompagnait : « Nous avons bien assez monté, cessons », d'où le nom de la commune de Cesson.

(HABASQUE. *Notions historiques sur les Côtes-du-Nord*, t. II, p. 313).

Habasque ajoute que de son temps cette tradition était connue de tous les habitants du bourg ; mes amis de Saint-Brieuc m'ont assuré qu'elle était encore populaire.

A Ménéac on montre trois vestiges que les pieds de la sainte Vierge ont imprimés sur une roche, et, quand les petits enfants tardent trop à marcher, on leur met les pieds dans ce creux.

(MAHÉ, *Antiquités du Morbihan*, p. 445.)

XIII

Le saut de saint Valay

Un jour que le bienheureux saint Valay était venu reprocher aux femmes de la rue Saint-Malo leur mauvaise langue et leur conduite légère, celles-ci se mirent en colère et elles prirent des pierres pour les lui jeter.

Le saint s'enfuit le plus vite qu'il put; mais les femmes couraient aussi bien que lui, et elles étaient sur le point de l'atteindre, quand il arriva sur le bord de la vallée des Réhories; alors il invoqua le bon Dieu, prit son élan, et franchissant d'un bond la vallée, il alla retomber de l'autre côté sur un rocher où l'on montre encore l'empreinte de ses pieds.

Mais les femmes le poursuivaient toujours; alors il prit un autre élan, et, traversant la vallée où coule la Rance, il alla tomber de l'autre côté de la rivière, à Lanvallay. C'est en mémoire de ce saut que Lanvallay porte ce nom; car on l'appela d'abord l'Élan Vallay, en mémoire de l'élan prodigieux que le saint avait dû prendre pour franchir cette distance.

(*Recueilli à Dinan en 1885.*)

Suivant un autre récit, des voleurs poursuivaient saint Valay, et ils étaient sur le point de l'atteindre, quand il se recommanda à Dieu et s'élança pour franchir la vallée ; des anges le soutinrent, et il se trouva debout, sans avoir éprouvé aucun mal, à l'endroit où son pied est encore marqué.

(Paul Sébillot, *Traditions et superstitions de la Haute-Bretagne*, t. I, p. 335).

Saint Valay, religieux de Landevennec, v⁰ siècle (12 juillet), est le le patron primitif de Lanvallay, de Ploubalay, et d'un village à Hénon, canton de Moncontour, appelé la ville Balay. Une chapelle, aujourd'hui détruite, lui était dédiée, non loin de l'endroit où est bâtie la maison de campagne de Saint-Valay, près Dinan. Je n'ai pas besoin de dire que l'étymologie donnée par le premier conte est fantaisiste.

La légende attribue à saint Michel un saut encore plus miraculeux. Lorsqu'il se disputait avec le diable pour savoir qui nommerait le Mont, ils convinrent de faire l'essai de leur puissance. L'épreuve consistait à franchir d'un bond l'espace qui sépare le Mont-Dol du Mont Saint-Michel. Le diable tomba dans l'eau, mais l'archange, soutenu par ses ailes, alla se placer sans effort sur le sommet du mont. On montre au Mont-Dol l'empreinte du pied de l'archange sur un bloc de rocher, et à côté, la marque du pied fourchu de Satan.

XV

Les saints et les mégalithes

PLUSIEURS des nombreux mégalithes ou des pierres à légendes de la Haute-Bretagne portent des noms de saints, et des récits populaires attribuent à l'intervention des bienheureux les circonstances merveilleuses de leur érection, les particularités remarquables qu'ils présentent, ou les empreintes naturelles ou artificielles que l'on y remarque.

J'ai personnellement recueilli peu de ces légendes ; la plupart de celles qui figurent ici ont été relevées au cours de leurs investigations par les auteurs des Inventaires des mégalithes des Côtes-du-Nord, de l'Ille-et-Vilaine et de la Loire-Inférieure, qui leur ont, avec beaucoup de raison, donné place dans leurs publications. Les deux principaux saints qui figurent dans les fragments que je réunis ici sont saint Michel et saint Martin.

La beauté et l'importance du Mont Saint-Michel ont assez frappé les esprits, pour que, sur les deux rives du Couesnon, on en ait attribué la construction, soit au diable, soit à la collaboration de l'Archange et de Satan, les deux rivaux qui représentent le dualisme du bien et du mal, du ciel et de l'enfer. Suivant une légende très connue en Haute-Bretagne et en Basse-Normandie, le Mont aurait été bâti par le diable à la suite d'une gageure avec saint Michel, où chacun d'eux devait montrer sa puissance ; saint Michel bâtit en une nuit un merveilleux palais de glace, le diable construit le Mont ; saint Michel trompe le diable, soit en lui proposant un échange, comme dans la légende normande, soit en dessinant avec le bras une croix qui chasse à jamais le démon de l'édifice qu'il avait bâti [1].

Pour construire sa merveilleuse bâtisse, Satan avait eu besoin de puiser dans beaucoup de carrières ; c'est pour cela que l'on rencontre un assez grand nombre de pierres qui étaient destinées au Mont, et qui, pour des raisons diverses, n'ont point été transportées à pied d'œuvre.

A Bazouges-sous-Hédé et à Dingé, des menhirs passent pour être des matériaux que le diable y portait. Les empreintes sont celles de la sangle

---

1. Cf. SÉBILLOT. *Traditions et superstitions de la Haute-Bretagne*, t. I, p. 326 ; en Berry une légende substitue saint Martin à saint Michel, et lui fait bâtir en hiver un moulin tout de glace, que le diable troque contre un moulin de pierre qu'il avait construit.

qui se rompit et le força à les laisser où on les voit aujourd'hui, de son dos et de ses doigts ; à Plerguer, un rocher présente des creux qui sont les marques laissées par le diable lorsqu'il essaya de l'emporter ; à Vieuxviel un menhir est tombé de son bissac ; à Mellé, à Saint-Étienne-en-Coglès, à Parigné, des pierres ont été laissées par le diable lorsqu'il bâtissait le Mont Saint-Michel, et qu'on lui eut crié qu'il n'en fallait plus ; une pierre du diable, à Louvigné-du-Désert, porte l'empreinte des efforts inutiles que le démon fit alors pour la détacher.

(P. Bézier, *Inventaire des Mégalithes de l'Ille-et-Villaine*, p. 9, 62, 110, 114, 115, 99).

En Haute-Bretagne saint Martin n'a pas la prodigieuse popularité dont il jouit encore dans une grande partie de la France, surtout vers le centre ; on rencontre toutefois son nom, associé à certains mégalithes. Comme dans une partie de la Haute-Bretagne saint Martin de Vertou est très connu, il est possible qu'il s'agisse parfois de ce dernier saint et non du grand apôtre des Gaules.

La pierre du diable, à Orgères d'après une légende, très suspecte en ce qui concerne tout au moins le nom du discobole, fut lancée par la druidesse Irmanda contre saint Martin évangélisant le pays et les creux que l'on remarque sur la pierre sont l'empreinte des mains de la druidesse.

A Iffendic une pierre à bassin, située à la queue de l'étang de Tromelin, est connue sous le nom de Pas-de-Saint-Martin ; les gens du pays prétendent que l'excavation que l'on voit dans sa partie médiane est l'empreinte de l'un des pieds du saint. On s'y rend en pélerinage pour la guérison de la fièvre, et l'on dépose dans le pas des pièces de monnaie et de petites croix de bois.

(P. Bézier, l. c., p. 9, 222).

Entre le Clion et Pornic, se trouve une vallée très agréable, où l'on voit la fontaine dite de Saint-Martin, lieu de pélerinage pour beaucoup de gens de la région. On lui attribue des propriétés merveilleuses et multiples. Une quantité considérable de petites croix de bois entoure la source qui sort du rocher.

D'après la légende, saint Martin vint visiter le pays, monté sur son cheval ; celui-ci frappa la terre d'un coup de sabot et la source jaillit sous le choc.

(*Revue des Traditions populaires*, t. IX, p. 619).

A Mégrit, une pierre posée à la surface du sol porte le nom de Pierre de Saint-Patrice ; elle est percée dans toute sa longueur. C'est dans ce trou que, d'après la légende, saint Patrice s'est caché pendant longtemps.

(E. DE LA CHENELIÈRE. *Inventaire des Mégalithes des Côtes-du-Nord*, p. 3).

A Noyal-sous-Bazouges, une pierre située à six cents mètres du village de Saint-Léger, dans le champ de l'Autel, est connue dans le pays sous le nom d'Autel de saint Léger. La face supérieure présente, à quelques centimètres du bord extérieur, une rainure encadrant la partie centrale, sur laquelle sont ébauchées à coups de ciseaux, de petites croix.

Une tradition locale rapporte que c'est sur cette pierre que saint Léger, patron de la paroisse voisine, célébrait la messe.

(P. BÉZIER, *Inventaire*, p. 86).

La sainte Vierge se promenait sur les landes de Pléchâtel, filant sa quenouille, et portant sur sa tête Pierre-Longue et dans son tablier les Pierres Blanches, lorsque son fuseau tomba à terre. Elle se baissa pour le relever et, dans le mouvement qu'elle fit, la pierre qu'elle portait sur la tête glissa et se ficha en terre dans la place même où était tombé le fuseau, puis celles du tablier « s'envolèrent » et allèrent former dans le champ des Meules, un cordon pour le fuseau de Pierre-Longue. Telle est l'origine légendaire d'un alignement autrefois considérable, dont il ne reste plus que quelques fragments.

(P. Bézier, l. c., p. 179).

A quelque distance du bourg de Saint-Viaud est un rocher dans lequel on montre une grotte qu'on assure avoir été la demeure de saint Viau ; cet endroit nommé Pierre Cantin et aussi la « Pierre qu'a nom » est en grande vénération dans le pays et l'on y vient en pélerinage pour les maux de reins ; les habitants s'imaginent y voir, tracée sur la pierre, l'empreinte des pieds du saint, de son bâton, de son livre, de son bonnet, etc. On y fait de pieux pélerinages.

(Girault de Saint-Fargeau. *Géographie de la Loire-Inférieure*, 1829. — Ogée. *Dictionnaire de Bretagne*).

En la paroisse de Bains (Ille-et-Vilaine), sur le sommet de la colline de *Guerchomin*, appelée peut-être jadis : *Guerc'h er men*, la pierre de la Vierge, se voient quatre gros blocs de quartz, dont l'un mesure plus de deux mètres de haut et qui proviennent d'un cromlech ruiné.

Chaque année, pendant la nuit de Noël, quatre évêques venus des quatre points de l'horizon, s'y réunissent au coup de minuit et officient sur cette pierre toujours respectée. Puis, aussitôt leur office terminé, ils s'en vont ensemble vers l'occident, après avoir fait par trois fois le tour d'une autre grosse pierre celtique située non loin de là et nommée la *Roche-Aboyante*[1]. Ils sont désignés parfois sous le nom de : « Saints des quatre saisons » auxquelles chacun doit présider pour sa part au cours de l'année nouvelle.

(DESMARS, *Redon et ses environs*, 1869, *et traditions locales communiquées par le marquis de l'Estourbeillon*).

1. Voir p. 62, une légende qui se rattache à cette roche.

XVI

Saint Guillaume

A Louvigné-du-Désert sont des pierres à bassins dites Roches Saint-Guillaume ; les bassins et les entailles ont, d'après la légende, été à l'usage de saint Guillaume qui fit pendant quelque temps son séjour en ce lieu. L'un était son douet (lavoir), l'autre sa fontaine, une autre plus petite son écuelle ; deux autres qui se touchent sont l'empreinte de ses genoux ; une entaille à quatre branches est celle où il déposait sa croix. Les intervalles qui séparent ces blocs portent le nom de rues du Paradis, du Purgatoire et de l'Enfer. Le lit du saint qu'on montre est une sorte de grotte formée par l'éboulement d'un bloc qui, dans sa chute, a été retenu en avant, à une petite distance du sol, par d'autres blocs.

Saint Guillaume vécut fort pauvrement en cet endroit pendant sept années, nourri par la charité des gens du pays. Il envoyait à la quête son âne, qui par un instinct surnaturel, allait se présenter dans tous les villages des environs : on lui donnait du pain, qu'il portait ensuite au saint. Un jour les habitants, trouvant peut-être qu'il était trop onéreux de le nourrir, chargèrent l'animal quêteur d'une telle quantité de pierres qu'il ne pouvait plus marcher. Le solitaire n'ayant plus rien pour subsister, s'en alla, dit-on, à Mortain, où il trouva, à ce qu'on assure, « plus de roches que de pain ».

Les habitants du village de la Loriais, qui avaient chargé l'âne de pierres, ne tardèrent pas à être punis. Ils furent pris par la soif, toutes les sources ayant tari ; aujourd'hui encore, on n'en saurait trouver une, quoique le lieu soit bas et humide.

(P. BÉZIER. *Inventaire*, p. 90-91).

M. Jules Louail a publié dans le *Vieux Corsaire*, mars 1892, sous une forme non populaire, une version de cette légende qui ne diffère pas beaucoup de celle qu'a rapportée M. Bézier ; le dénouement seul est changé : le saint ayant rencontré à Mortain « plus de beurre que de pain », revint à son ermitage ; les gens de Louvigné lui demandèrent pardon et le saint implora la clémence divine : la pluie tomba et la campagne redevint fertile.

XVII

Pierre Morin

A L'ÉPOQUE où l'on construisait l'ancienne église de Guiguen, un moine allait chercher, assez loin du pays, la pierre nécessaire à la construction et l'amenait à l'aide d'un attelage composé de deux petits bœufs et d'un âne.

Un jour que son attelage, suant et soufflant, transportait la plus grosse pierre dont on l'eût encore chargé, il entendit, en passant devant le village de la Perchère, une voix céleste qui lui criait que l'église était achevée, et qu'on n'avait plus besoin de matériaux. Pierre Morin saisit la pierre d'une main, et la lança sur le pâtis où elle est encore. Sa main s'enfonça dans la roche comme dans un bloc d'argile, et y laissa une empreinte ineffaçable.

(P. BÉZIER. *Supplément*, p. 87).

XVIII

Le grès saint Méen

A LA lisière de la forêt de Talensac, près du hameau de la Chapelle-ès-Oresve, se trouve un bloc de schiste ferrugineux ayant la forme d'un affiloir. Sa face supérieure porte un certain nombre de perforations cylindriques et de rayures transversales incontestablement dues à l'industrie humaine. Les rayures sont analogues à celles que l'on obtiendrait en frappant vigoureusement, du tranchant d'une forte hache, et perpendiculairement à la direction des feuillets, la surface d'une masse schisteuse. On dit dans le pays que les gravures dont cette pierre est ornée sont dues à saint Méen, qui était charpentier et aiguisait ses outils sur cette roche.

Statue de saint Méen, église de Paimpont xve siècle.

Un jour saint Méen, après avoir aiguisé sa hache sur son grès, et l'avoir balancée dans l'espace, dit :

> Où ma hache tombera
> Méen bâtira.

La hache tomba à Talensac, à deux kilomètres de cet endroit. L'église de cette paroisse est dédiée à saint Méen.

(P. Bézier, *Inventaire*, p. 223).

Cette légende avait été rapportée sous une forme très voisine par Theuvenot. *Notes sur quelques monuments anciens de l'Ille-et-Vilaine*, etc. Congrès de la Soc. française d'archéologie. Laval, 1878 ; qui ajoute ce détail : les bûcherons du voisinage ne se font pas faute encore aujourd'hui d'imiter saint Méen ; la rouille et les traces du fer sont très apparentes, sans avoir rien de commun avec les traces primitives.

Saint Méen, abbé, vi° siècle (21 juin), est invoqué contre la fièvre, la gale dite aussi « Mal saint Méen » et les maladies des yeux ; sa fontaine la plus renommée est près de Gaël ; le saint la fit jaillir d'une terre jusque-là aride. Il est patron de la ville de ce nom, de Cancale, la Fresnaye, Lanvallay, Plélan, Talensac, etc. Il a de nombreuses chapelles, entre autres à Bains, Beignon et à Cancale. A Rennes un hôpital porte son nom ; il y a à Boufseul et à Monteneuf, des villages de Saint-Méen, à la Chapelle-sous-Ploërmel, une lande est dite Lande de Saint-Méen.

La statue que nous reproduisons est dans l'église de Paimpont, abbaye qui dépendait de celle de saint Méen ; elle porte sur sa base les armoiries de l'abbé Olivier Guiho qui est agenouillé aux pieds du saint. Dans la sacristie un reliquaire d'argent renferme des reliques du saint : il a la forme d'une main avec l'avant-bras, tenant un livre à fermoirs dont les sculptures sont dorées. L'autre statuette que l'on voit ci-dessous en compagnie de celles de saint Lubin et de saint Mamère est dans la chapelle de N.-D. du Haut près Moncontour.

XIX

La chasse saint Hubert

A Guemené-Penfao un monument bizarre composé d'une longue série de pierres alignées du nord-ouest au sud-ouest, est connu sous le nom de Chasse de Saint Hubert. Cette chasse débouche d'un vallon sauvage, puis elle se lance à travers les landes du Lugançon, les bois du Luc et du Pont. Le cerf, très en avant de la meute, est arrivé jusqu'aux bords de l'Isac, c'est le menhir de Lau-sé. J'ai suivi cette chasse fantastique, toujours guidé par les gens du pays, qui l'avaient connue autrefois, toujours déçu dans mes recherches, grâce au défrichement des landes. Plus loin, de l'autre côté du bois du Luc, on m'indiqua, dans la forêt du Pont, un monument formé de plusieurs blocs maintenant brisés que les gens du pays appellent la Voiture de la chasse.

(Pitre de Lisle du Dreneuc, *Saint-Nazaire*, p. 67).

Suivant une tradition recueillie par M. J. Desmars,

Redon et ses environs, citée par Bézier, *Inv.* p. 181, les menhirs qui composaient l'alignement, aujourd'hui très mutilé, de la Chasse Saint Hubert dans les landes de Lugançon (Loire-Inférieure) avaient eu vie, et rappelaient la punition infligée par saint Hubert à un chasseur du pays, qui avait juré de forcer un cerf avant la grand'messe le jour de Pâques. Emporté par l'ardeur de la chasse, il n'avait pas entendu sonner l'office, et au moment de l'élévation, il avait été pétrifié avec ses compagnons, sa meute et la bête qu'il poursuivait.

XX

La Pierre de saint Lyphard

Au temps où saint Lyphard habitait le bord de la Brière, un dragon monstrueux désolait la contrée ; déjà onze jeunes filles avaient été dévorées, lorsque que le monstre réclama la fille du saint. Lyphard saisit alors son épée, et pour en essayer la trempe, il asséna un coup sur une pierre plantée près de là, et qui devint la pierre fendue, puis dégageant la lame prise dans cette fente, il court au monstre et lui tranche la tête.

On voyait encore, il y a peu d'années, cette roche fendue dont l'ouverture béante était assez large pour qu'un homme pût y passer ; sur la paroi nord étaient marqués les quatre doigts et le pouce du saint qui s'étaient enfoncés, dans l'effort qu'il fit pour dégager sa lame.

(Pitre de Lisle du Dreneuc, *Saint-Nazaire*, p. 131).

✧

La chapelle de saint Lyphard en Thourie était jadis le lieu de réunion d'une assemblée le Vendredi-Saint de chaque année. Elle a été détruite vers 1830. On venait de fort loin prier saint Lyphard, ou comme on le prononce saint Liphord, « pour la vie ou pour la mort, » c'est-à-dire que l'on invoquait le saint, pour qu'il obtînt une guérison immédiate du malade ou une prompte mort, afin d'abréger les souffrances du moribond.

(P. Bézier, *Supplément*, p. 74).

XX

Saint Convoyon et la roche aboyante

La roche aboyante est un menhir à demi-renversé que l'on voit dans la commune de Bains. On dit que c'est en cet endroit que saint Convoyon, abbé de Redon, et saint Fiacre, qui habitait Trobert, village de Renac, aimaient à se reposer et à converser lorsqu'ils se visitaient. Un jour qu'ils étaient importunés par les aboiements d'un chien de berger du voisinage et qu'ils ne pouvaient obtenir son silence, ils le maudirent, et aussitôt l'animal fut changé en la Roche Aboyante.

Près de là se trouve un sentier sur lequel Dieu, dit-on, n'a pas voulu qu'il poussât un brin d'herbe qui pût effacer la trace du passage des saints.

(P. Bézier, *Inventaire*, p. 159).

Voici sur ce dernier sentier d'autres récits :

Entre la Lande de Guerchomin et le village de Trobert, en Carentoir, se trouve un sentier toujours dénudé qui se dirige vers la limite de Renac en passant par le village de Boëd'hors en Bains. « Jamais de mémoire d'hommes un brin d'herbe n'y a poussé et cela, disent les gens du pays, par la permission toute spéciale de Dieu, qui n'a pas voulu que, même un brin d'herbe, pût effacer les traces du grand saint Convoyon qui passait toujours par là pour aller visiter saint Fiacre dans son ermitage de Trobert. »

Il n'y a plus aucune trace de l'ermitage de saint Fiacre, mais sur la limite de Renac, près d'une source réputée miraculeuse, se voit encore la chapelle de saint Fiacre d'où l'on vient de fort loin pour se guérir de la colique et de la dyssenterie.

(DESMARS, *Redon et ses environs*, 1869, et *traditions locales communiquées par le marquis de l'Estourbeillon*).

Saint Victor de Campbon passe pour avoir eu des rapports fréquents avec un autre solitaire voisin, saint Laumer, en l'honneur duquel fut élevée une chapelle encore subsistante. Chaque jour ils se rencontraient pour converser et prier, à une fontaine toujours vénérée. On montre le sentier qu'ils suivaient, et tout ce qu'on sème des deux côtés de la *voyette*, pousse, prétend-on, plus vigoureusement que dans le reste du champ.

(R. OUBIX, *Bretagne et Bretons*, p. 53).

XXII

Saint Roch

Un jour saint Roch se promenait dans la forêt de Bosquen ; un homme de la Ville-Heu[1] le rencontra, qui avait son petit chien auprès de lui. Il avait l'air si malheureux que le bonhomme l'invita à venir chez lui.

Le saint accepta, et il se plut tant dans ce pays, qu'il voulut s'y faire bâtir une petite maison. Mais les maçons ne trouvaient point d'eau aux environs, ce qui les incommodait beaucoup, car pour faire du mortier ils étaient obligés d'aller en chercher à plus d'une demi-lieue. Saint Roch eut pitié d'eux, et il fit jaillir une source auprès de leur chantier ; elle tarit quand les travaux furent terminés, et alors il dit aux maçons qui il était.

Depuis ce temps, saint Roch est fêté tous les ans dans la chapelle qui porte son nom. Il a la vertu

---

1. Village du Gourny, peu distant de la colline où se trouve la chapelle de saint Roch.

A Ménéac, au milieu d'un ancien retranchement est la chapelle en ruine de saint Roch. (Cayot-Delandre, p. 340).

de guérir la dyssenterie. Lorsque dernièrement une épidémie se déclara à Langourla, beaucoup de gens allèrent se recommander à sa chapelle.

(*Conté en 1884 par J. M. Comault, du Gouray*).

Saint Roch, ou saint Ro', est un saint très populaire en Haute-Bretagne ; nombre de chapelles sont placées sous son invocation ; voici deux autres récits où il figure :

Un jour un pauvre voyageur, les habits en lambeaux et couvert de poussière, s'arrêta dans le village de la Baillerie en Chelun et demanda un verre d'eau pour apaiser sa soif. Il n'y en avait pas une goutte à la ferme ; mais une femme s'empressa d'en aller chercher à plusieurs kilomètres de là, à la Fontaine d'Anjou, dans la Mayenne. Après s'être désaltéré, le voyageur, voulant remercier la paysanne de son acte charitable, piqua la terre de l'extrémité de son bâton, et une source intarissable jaillit aussitôt. Ce voyageur était saint Roch.

(P. Bézier, *Inventaire*, p. 130-1).

Jadis on alla chercher la statue de saint Roch et on la plaça dans l'église du Gouray ; mais peu de temps après les prêtres et la plupart des habitants furent atteints de dyssenterie : on comprit que le saint voulait être dans sa chapelle ; dès qu'il y fut, la maladie cessa.

Un jour un habitant d'une paroisse voisine du Gouray rencontra un de ses amis qui allait au pardon de saint Roch, et il lui donna deux sous pour les remettre comme offrande en son nom, parce qu'il les lui avait promis étant malade. L'ami s'amusa bien au pardon, et but un bon coup ; au moment de partir, il se ressouvint des deux sous de son camarade, et il alla à la chapelle, où il les jeta à saint Roch en disant : « Tiens, saint Roch, voilà pour le derrière de X. » En s'en retournant, il fut atteint de dyssenterie, et il ne fut guéri qu'après être retourné faire un pèlerinage à la chapelle du saint auquel il avait mal parlé.

(*Conté en 1892 par Ange Rault, de Saint-Glen.*)

Il y a une fontaine miraculeuse auprès de la chapelle de saint Roch ; la statue de saint Fiacre est dans cette chapelle ; quand on va quêter, on demande toujours pour saint Fiacre et pour saint Roch.

On affirme dans plusieurs pays que le choléra et les autres épidémies de même nature ne peuvent régner dans les paroisses qui ont une chapelle dédiée à saint Roch. Ogée dit que vers la fin du XVIIe siècle, Dinan ayant été affligée de la peste, le corps politique, se voua à saint Roch, jusqu'à la Révolution, il se fit tous les ans une procession suivie d'une messe à l'autel de ce patron en l'église Saint-Sauveur. Dans beaucoup d'églises on voit saint Roch en costume de pèlerin, montrant une plaie à sa jambe ; à côté de lui est son chien fidèle.

XXIII

La fontaine du pas de saint

SAINT Guingalois, disent nos paysans, a passé par Pierric, non pendant sa vie, mais après sa mort. Son corps, renfermé dans une châsse très lourde et portée par des hommes tout noirs, vint du côté du soleil couchant et traversa la paroisse en suivant à peu près une ancienne route qui côtoyait la rive gauche de la Chère.

Ceci se passait dans la saison d'été, car les arbres étaient entièrement feuillés et il faisait très chaud. Le corps arriva avec de grandes fatigues pour les porteurs à une suite de rochers élevés et de difficile accès, situés sur le territoire de Pierric, loin de toute habitation et de toute eau potable. Les bons moines qui le portaient éprouvèrent un besoin pressant de se désaltérer et ne le pouvant faire, le religieux qui dirigeait la marche, un saint, pria saint Guingalois d'obtenir du bon Dieu qu'il leur procurât de l'eau, et aussitôt après, animé de la foi la plus vive, il frappa le rocher de son pied qui, en s'enfonçant, forma un pas profond, un creux, d'où sortit une eau claire et fraîche qui permit aux porteurs et à ceux qui les accompagnaient d'étancher leur soif.

Il n'y avait alors qu'une chapelle à Pierric, dont une grande partie du territoire était en landes et en bois ; mais plus tard, on y bâtit une église, à laquelle on donna saint Guingâ ou Guingalois pour patron, en mémoire du miracle qui avait eu lieu aux rochers de Pengré, dont le creux, devenu une petite fontaine, avait pris le nom de Fontaine du Pas du Saint, ou plutôt de Pas de Saint, qu'il porte encore aujourd'hui.

(Comte Régis de l'Estourbeillon. *Itinéraire des moines de Landevennec*, 1889, p. 7, d'après des notes de l'abbé Picou et la tradition orale).

Dans un de ces rochers, ajoute l'*Itinéraire*, on trouve un pas parfaitement moulé, de grande dimension, qui présente toutes les parties d'un pied, dont la direction est orientée du côté du bourg. Cette cavité, qui peut avoir de 20 à 25 centimètres de profondeur, contient toujours de l'eau, même à l'époque des plus grandes sécheressses.

Saint Guingalois est populaire dans les environs de Pierric, dont il est le patron ; les membres de la frairie de Nillac, en la paroisse de Derval, limitrophe de Pierric, vont prier au pied de la croix de saint Guingalois, située à l'un des carrefours, et les petits pâtours de Luzanger et Derval, chantent encore en gardant leurs bestiaux :

> Saint Guingalois
> Du fond des bois,
> Veille sur nous
> Et sur nos toits.

Saint Guingalois, en latin *Guingaloëns* ou *Winwaloëus*, est le même que saint Gwenolé, premier abbé de Landévennec, v° siècle (3 mars), et il est invoqué par les femmes des marins pour les maris absents. Il est le patron du Bourg-de-Batz, du Croisic, de Pierric, en Haute-Bretagne ; de Concarneau, de Landévennec, de l'île de Sein, de Locgué-nolé. Il a de nombreuses chapelles en pays bretonnant, où beaucoup de fontaines portent son nom.

XXIV

Saint Maudez, saint André et saint Fiacre

QUAND saint Maudez, saint André et saint Fiacre eurent fini de bâtir leur chapelle, ils résolurent de faire un grand dîner ; ils envoyèrent une femme des environs leur chercher de la viande, puis il lui dirent de préparer le repas.

Pendant qu'il cuisait, les trois saints allèrent faire un tour de promenade, chacun de son côté, en attendant le moment de se mettre à table.

Les ouvriers qui venaient de finir leur ouvrage, aperçurent de beaux plats de viande dans la maison, et, profitant de ce que la cuisinière s'était un peu éloignée, ils convinrent entre eux de les prendre et de les manger. Ils les dévorèrent en peu de temps.

Quand les saints revinrent de leur promenade, ils furent bien surpris de ne rien trouver pour dîner ; ils s'accusèrent les uns les autres d'avoir mangé la viande, et il s'éleva même une dispute entre eux à ce sujet.

Saint Maudez et saint André sortirent de la chapelle pour aller se promener encore ; saint Fiacre y resta seul et s'endormit profondément dans un coin. Les ouvriers qui revenaient pour ramasser leurs outils, ayant aperçu le saint, qui ronflait comme un bienheureux qu'il était, lui *embeurrèrent* la bouche avec du jus de viande et des petits morceaux, puis ils s'en allèrent sans faire de bruit.

Quand les deux saints furent de retour, et qu'ils virent saint Fiacre, ils l'accusèrent de nouveau d'avoir mangé toute la viande pendant que la cuisinière avait le dos tourné, et ils l'accablèrent de reproches.

Saint Fiacre, qui n'aimait pas le bruit, s'avoua coupable pour avoir la paix, et les autres saints le laissèrent tranquille.

(*Conté en 1883 par François Ramet, du Gouray, âgé de 50 ans*).

Cette légende, assez irrespectueuse, a emprunté un des traits de la fin à un épisode, très populaire en Bretagne et ailleurs, des tours joués au loup par le renard. Celui-ci, ayant mangé les provisions qui appartenaient à tous deux, on convient que le coupable sera celui qui aura autour de la bouche des traces du larcin ; le loup s'endort et le renard lui embeurre aussi la bouche pendant son sommeil.

XXV

Pourquoi on offre des clous à saint Maudez

Quand saint Maudez voulut attacher les ardoises sur la couverture de sa chapelle, il n'avait pas de clous, et il se désolait, parce qu'il ne savait comment s'en procurer.

Un homme du pays, ayant appris que le pauvre saint Maudez n'avait pas de clous, lui en porta tout ce qui lui en fallait. Or, cet homme avait des *clous* (furoncles) dans une fesse, qui le faisaient beaucoup souffrir et l'empêchaient de travailler ; saint Maudez pour le récompenser du service qu'il lui avait rendu, lui guérit aussitôt ses clous.

C'est depuis ce temps qu'on s'adresse à saint Maudez quand on a des clous aux membres, et qu'on lui offre des clous de fer en mémoire du miracle qu'il fit en guérissant le bonhomme.

(*Conté en 1883 par François Ramet, du Gouray, âgé de 50 ans*).

Une commune de l'arrondissement de Dinan porte le nom de saint Maudez. D'après Kerdanet, ce saint est, avec saint Yves, celui auquel on a élevé le plus de chapelles en Bretagne, au moins trente, dit-il ; la seule de la Haute-Bretagne qu'il cite est celle de Trébry, à laquelle précisément se rattache la petite légende ci-dessus. C'était un édifice du XVIe siècle, situé près d'un dolmen dit de saint Maudez. Elle a été démolie il y a une quinzaine d'années ; mais on a mis de côté toutes les pierres qui portaient des sculptures. Le pardon avait lieu le jour de la Trinité. Auprès de la chapelle est une fontaine où l'on va en pèlerinage pour les clous (furoncles) ; l'offrande consiste en une poignée de clous à lattes qui ne doivent avoir été ni comptés ni pesés. La statue de saint Maudez est maintenant dans l'église de Trébry, ainsi que celles de saint André, et de sainte Mamère qui se trouvaient dans l'ancienne chapelle ; cette dernière était implorée pour les maux de tête.

D'autres chapelles sont dédiées à saint Maudez, à Plérin, à Plourhan, à la limite des deux langues, où a lieu un pardon, et au Mottay en Evran. A la Croix-Helléan une foire a lieu au village de Saint-Maudez. Il avait une chapelle qui est maintenant convertie en ferme à Saint-Pôtan, près de la Ville-Even ; tout près est une fontaine, dite aussi de saint Maudez ; l'eau en est excellente, mais elle n'est actuellement l'objet d'aucun culte. Elle doit la bonté de son eau, non à un saint, mais à une fée qui y habite sous la forme d'une anguille.

Je ne connais en Haute-Bretagne aucune représentation iconographique de saint Maudez qui soit digne d'intérêt ; à Plogonnec, sa vie est représentée sur des volets sculptés. (*Soc. arch. du Finistère*, t. XIII, p. 338).

XXVI

Pourquoi on offre du chanvre à saint André

Lorsque saint André eut terminé sa chapelle, il vit qu'il ne lui manquait rien, si ce n'est une corde pour mettre à la cloche. Il en demanda une à une bonne femme, mais celle-ci la lui refusa.

Alors il se mit à genoux et appela Dieu à son aide. Sa prière fut exaucée, car en arrivant à la porte de la chapelle, il y trouva assez de chanvre pour faire une belle corde.

C'est depuis ce temps qu'on offre du chanvre à saint André, afin que par ses prières le chanvre devienne beau.

(*Conté en 1883 par François Ramet, du Gouray, âgé de 50 ans*).

Cette coutume subsiste encore. Saint André avait autrefois en Trébry, canton de Moncontour, une chapelle ; les cordes des cloches étaient tressées avec le chanvre des offrandes.

(Paul Sébillot, *Coutumes*, p. 210).

XXVII

Le cochon de saint Antoine

Un jour que saint Antoine se promenait dans le pays breton avec un autre saint, il fit rencontre d'un cochon, en vous respectant. Comme il n'avait point de domestique, il lui prit envie d'en avoir un et il dit à son compagnon :

— Il faut que je transforme ce cochon en Breton ; c'est lui qui sera mon domestique.

Il prit le cochon par les jambes de devant et le fit se planter sur ses jambes de derrière, puis il récita une prière, et aussitôt le cochon devint semblable aux Bretons qui viennent en pèlerinage à Saint-Mathurin de Moncontour.

C'est depuis ce temps qu'on appelle saint Antoine le patron des cochons, et c'est aussi depuis cette époque qu'on dit en sobriquet en parlant des Bas-Bretons :

    Bretons
    Cochons.

(*Conté en 1883, par J.-M. Comault*).

En Haute-Bretagne, saint Antoine est toujours accompagné de son cochon ; on y dit en proverbe : « Tu vas de porte en porte comme le pourcé de saint Antoine », ce n'est qu'une forme patoisée d'un dicton très usité au moyen-âge.

Leroux de Lincy, *Livre des Proverbes*, cite un dicton apparenté à celui que les Gallos adressent aux Bas-Bretons :

> Breton, cochon,
> Français, polisson.

XXVIII

Saint Jean, saint Antoine et les cochons

Au temps jadis, les habitants de Saint-Cast avaient coutume de vouer leurs cochons à saint Jean, lui promettant un morceau d'échine, si leur bête n'avait pas d'accident.

Mais il arriva qu'une année, presque tous les cochons qui avaient été ainsi voués, furent enlevés par une épidémie, et les Câtins se dirent :

— Saint Jean a laissé crever nos cochons ; il paraît qu'il n'a plus de pouvoir ou qu'il est tombé en enfance, ce qui ne serait pas étonnant, car il est bien vieux. Nous vouerons les premiers que nous achèterons au bienheureux saint Antoine ; il ne les oubliera pas, car on dit qu'il a toujours avec lui son petit cochon.

Qui fut dit fut fait : ils achetèrent d'autres cochons et promirent, s'il ne leur arrivait pas d'accident, de porter à saint Antoine un pied et une oreille. Les cochons profitèrent cette année-là, et ils venaient comme la pâte dans la met (huche). Aussi les Câtins étaient joyeux, et ils portèrent des pieds et des oreilles au bienheureux saint Antoine qui se trouve à la chapelle de Saint-Sébastien en Pléhérel.

Cependant saint Jean était bien navré ; car il ne recevait plus un seul morceau d'échine ; il se *colèra* bien fort, et il envoya une maladie sur les cochons, qui les fit presque tous crever. Quand les gens virent que le saint était fâché, il lui promirent de nouveau des échines, et maintenant il en a plus que saint Antoine n'a de pieds et d'oreilles.

(*Conté en 1883 par Cotti, de Saint-Jacut, boulanger*).

Ce récit constate une coutume encore en vigueur : pour que les cochons profitent, sur le littoral entre Saint-Cast et Erquy, on offre un morceau de lard à saint Jean (Saint-Cast), à saint Antoine (Plurien).

En Muzillac (Morbihan), en Saint-Melaine (Ille-et-Vilaine), ont lieu des pèlerinages et des assemblées de saint Antoine très fréquentés.

Dans l'ancienne église de Bédée on voyait une statue de saint Antoine entourée de fers à cheval ; les gens du pays venaient invoquer le saint quand leurs animaux étaient malades, et lui offraient un fer à cheval, une motte de beurre, ou de la laine, etc., suivant l'animal dont ils demandaient la guérison.

XXIX

Saint Mathurin, saint Eutrope et saint Amateur

Saint Mathurin, saint Eutrope et saint Amateur étaient frères, et depuis longtemps ils voyageaient ensemble sans avoir jamais eu envie de se séparer. Mais ils arrivèrent à Bréhand-Moncontour vers minuit; ils virent des *linceux* (draps de lit) étendus dans une prairie; saint Amateur, qui ne savait ce que c'était, eut tellement peur qu'il s'enfuit et alla jusqu'à Lamballe sans s'arrêter, et sans oser regarder derrière lui. Saint Eutrope s'évanouit, et il resta à Bréhand où il fit sa résidence, et saint Mathurin retourna tranquillement à Moncontour où il s'établit, et où il est toujours resté depuis.

(*Recueilli aux environs de Moncontour*).

Ces trois saints ont en effet des chapelles ou des églises dans ces communes. Saint Mathurin de Moncontour est l'un des saints les plus populaires dans les deux Bretagnes ; son principal sanctuaire est à Moncontour, et sa légende est retracée sur les belles verrières de cette église. On pourra consulter pour les détails de son pardon la *Revue des Traditions populaires*, t. III, p. 278, et la monographie de M. E. Thoison. *Saint Mathurin*, étude historique et iconographique. Paris, 1889, in-8. Cet auteur ne compte pas moins de 43 égli-

Saint Mathurin, image populaire
de la fabrique de Pierret à Rennes
(Collection Lucien Decombe)

ses ou chapelles qui sont consacrées à saint Mathurin dans la partie française de la Bretagne. Malgré ce culte si étendu et encore si florissant, saint Mathurin n'a point de légende, et le court récit qui précède est le seul qui le fasse voyager corporellement en Bretagne.

Un pèlerinage moins célèbre, mais pourtant assez fréquenté, a lieu à la chapelle de saint Mathurin, à Maure ; on l'y invoque pour obtenir la cessation des épidémies et en particulier du choléra. Une ancienne croyance, rapportée par M. E. Thoison, affirme que le choléra ne peut exister dans un pays qui possède soit une chapelle de saint Mathurin, soit une de saint Roch: Saint Mathurin l'empêche d'entrer ou saint Roch le renvoie (p. 156-7).

Saint Eutrope (30 avril) a des chapelles à Saint-Brandan, à Noyal-sur-Vilaine et à Malensac ; il ne jouit pas d'une bien grande popularité en Haute-Bretagne ; cependant il guérit

Plomb de saint Mathurin
Il est représenté vu de face et de dos avec le Saint-Esprit,
c'est le modèle ancien et il n'est plus en usage.

de l'*enfle* (enflure) ceux qui frottent la partie malade avec une motte de terre prise au-dessous de sa statue à Bréhand.

Saint Amateur n'est honoré à Lamballe que depuis le siècle dernier (1762), époque à laquelle ses reliques furent envoyées de Rome. A la procession de saint Amateur (11 juillet), dont le culte est très populaire à Lamballe, beaucoup de pèlerins portent des imitations de membres humains en cire. Le membre choisi correspond naturellement à celui dont souffre le pèlerin, ou la personne pour laquelle il est venu en pèlerinage. On trouve à acheter ces objets chez les ciriers de la ville ; après la procession, ils sont offerts à l'église. (*Revue des Trad. pop.*, t. IV, p. 166).

Saint Amateur guérit aussi les enfants du mal Saint-Aragon. On voit dans l'église de Bléruais (Ille-et-Vilaine) une statue de saint Amateur, à laquelle on fait des pèlerinages le 15 août ; il guérit des rhumatismes.

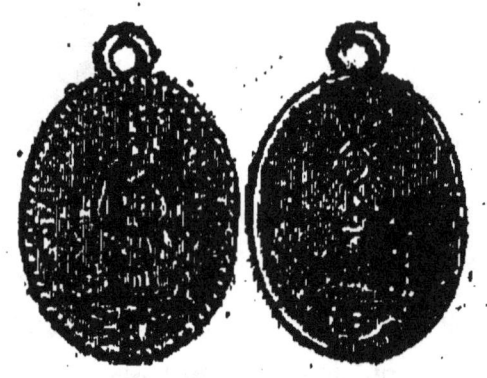

Ancienne médaille de saint Mathurin en plomb.
(Pèlerinage de la Pentecôte à Moncontour).

XXX

Sainte Anne et sainte Pitié

Les habitants de Merléac, canton d'Uzel, assurent que sainte Anne est née chez eux, au village du Vau-Gaillard. Elle avait une sœur qui s'appelait Pitié. Toutes les deux vivaient dans la crainte du Seigneur, et elles observaient religieusement ses commandements. Alors il n'en était pas de même de la plupart des habitants du voisinage, qui avaient en particulier la mauvaise habitude de jurer.

Sainte Anne et sa sœur essayèrent de les convertir et de les empêcher de blasphémer ; mais voyant qu'elles ne pouvaient y parvenir, elles résolurent d'aller vivre dans un pays où leurs oreilles n'entendraient plus de semblables jurements.

Elles se mirent en route, et elles marchèrent longtemps : un jour l'une d'elles épuisée de fatigue déclara qu'elle ne pourrait aller plus loin ; c'était Pitié. Sainte Anne, se croyant plus forte que sa sœur, continua sa route, mais elle ne tarda pas à ralentir sa marche. Elle put faire encore une lieue, puis elle vit qu'il lui était impossible de continuer.

Voilà pourquoi sainte Anne d'Auray et Notre-Dame de Pitié sont dans le Morbihan ; voilà pourquoi leurs chapelles sont peu éloignées l'une de l'autre.

(*Recueilli par M. J. Carlo, de Moncontour*)

XXXI

Le départ de saint Pabu

SAINT Pabu étant venu un jour visiter sa chapelle, qui est près de Kerganton en Saint-Guen, entendit une jeune fille qui se disputait avec sa mère, fermière du Port-Thomas, et elle finit par traiter sa mère de « bougresse », tant elle était en colère.

Saint Pabu se montra alors, et après avoir reproché à la jeune fille les mauvaises paroles qu'elle avait adressées à sa mère, il ajouta :

— Ta race sera maudite. Je voulais venir habiter dans ma chapelle, mais après ce que je viens d'entendre, je vais partir et je ne reviendrai qu'après que Port-Thomas aura brûlé trois fois, que le *paillu* (seuil) de la porte des femmes sera usé, et que la dernière personne de ta race aura disparu.

(*Recueilli à Saint-Guen par M. Emile Enaud, notaire*).

D'après cette prédiction, m'écrit M. Enaud, le bienheureux saint Pabu ne tardera pas à revenir, car le Port-Thomas a brûlé deux fois, le paillu de la porte réservé pour les femmes est presque coupé en deux par l'usure, et la dernière survivante de la fille qui appela sa mère irrévérencieusement est très âgée et vieille fille.

Rober Oheix a, de son côté, recueilli une curieuse variante qu'il a donnée dans son livre *Bretagne et Bretons*, p. 26.

En Saint-Guen existe une chapelle Saint-Pabu, qui porte aussi le nom de Saint-Tugdual ; elle a un intéressant jubé et des fragments de verrières. Si vous demandez aux habitants de Saint-Guen ce qu'était saint Pabu, ils vous répondront qu'il fut ermite, compagnon de saint Elouan dont la chapelle est voisine ; qu'il est sorti de son sanctuaire indigné de voir une fille battre sa mère dans une maison située tout près de là, et que caché dans un arbre des environs (un gros if) il attend pour rentrer dans le lieu saint l'accomplissement de quatre évènements ; le complet anéantissement de la famille, l'incendie trois fois répété de la maison où le scandale s'est produit, l'arrivée de la mer à Saint-Guen, et enfin l'usure complète du seuil de sa chapelle par les pieds des pèlerins. L'histoire ne serait pas jolie, si l'on n'ajoutait en vous contant cela : le seuil est usé, Saint-Guen n'est pas encore port de mer, mais la rigole alimentaire du canal de Nantes à Brest y passe, et c'est tout comme ; la maison en question a déjà été brûlée deux fois, la famille n'est plus représentée que par une vieille fort âgée. Saint Pabu ne peut donc tarder à revenir.

Saint Pabu ou Tugdual, Tudual ou Tual, évêque de Tréguier, vi⁰ siècle (30 novembre), invoqué pour les maladies de poitrine, est surtout un saint populaire dans la Bretagne bretonnante ; en Haute-Bretagne, il est le patron de Saint-Tual (Ille-et-Vilaine). Il y a à Erquy une chapelle de saint Tudual ; à Saint-Lunaire sont un village et un bois dits de Pontual.

XXXII

Saint Robert d'Arbrissel

Dans la paroisse d'Arbrissel il est un champ qui ne porte pas de fougère, chose rare dans le pays. Cependant, au temps du bienheureux Robert, il y en avait en cet endroit, disent les bonnes gens, et même beaucoup plus qu'ailleurs, si bien que la fermière ne se gênait pas pour la couper le dimanche.

— Eh quoi ! s'écriait le saint, vous violez le jour du Seigneur !

— Hélas, monsieur Robert, j'en ai grand regret, mais les six jours de la semaine ne suffisent point à détruire cette malheureuse plante.

— Voyons, si vous me promettez d'observer les commandements, la fougère ne vous embarrassera plus.

La paysanne jura d'être fidèle à la loi de Dieu et depuis ce jour son champ fut délivré des mauvaises herbes.

(Abbé F. Duynes. *Revue des Traditions populaires*, t. IX, p. 618).

XXXIII

La chapelle du Bois-Picard

Lorsque l'on va de Montauban à Boisgervilly, à mi-route, on trouve une petite chapelle. Sans aucune architecture, cette humble construction ne ressemble point à ses voisines : aux chapelles de Lannelou et de Saint-Maurice. Voici la légende que me conta un jour une personne pour qui cette histoire était une tradition de famille.

Il y avait une fois un riche fermier au Boisgervilly qui s'appelait Giau [1]. Une après-midi, il s'en fut comme d'habitude chercher son troupeau dans la lande ; après avoir regardé de tous côtés, il ne trouva aucune de ses bêtes. Le lendemain il en fut de même, celui d'après aussi. Désespéré, Giau promit alors à saint Antoine de lui sculpter une statue avec un vieux poirier qui se trouvait dans son jardin. A peine avait-il fait ce vœu, qu'il lui sembla qu'un bandeau lui tombait des yeux, et, à

---

[1]. Guillaume.

son grand ébahissement, il vit son troupeau broutant paisiblement autour de lui.

Giau se rappela sa promesse et fit faire une statue à saint Antoine avec son poirier et la fit placer dans l'endroit témoin de ce prodige. Un jour cependant on voulut l'enlever pour la transporter à l'église de Boisgervilly. Mais arrivé à moitié route, il fut impossible d'aller plus loin : la statue devint tout à coup tellement pesante que sept chevaux ne purent même la remuer. A cette vue, les habitants du Boisgervilly résolurent de ramener la statue. Cette fois un seul cheval suffit et saint Antoine revint dans sa lande.

Depuis on bâtit une chapelle et ce lieu devint un pèlerinage.

(*Recueilli à Montauban-de-Bretagne, en 1890, par M. Louis de Villers*).

XXXIV

Les croix des sept loups

Par une froide nuit en mois de décembre, un voyageur cheminait sur la route en Médréac. C'était un riche filassier des environs. Depuis quelque temps déjà, il regardait avec inquiétude autour de lui.

Soudain, il s'imagine entendre derrière lui un léger craquement sur la neige. D'abord il croit se tromper, mais le même bruit s'étant reproduit, notre homme se retourne : une bande de sept loups lui fait la conduite. Que faire ? Pour toute arme il n'a qu'un bâton. Cependant il ne perd point courage, il s'adresse au Ciel et fait vœu d'élever une croix de pierre en cet endroit, s'il arrive sain et sauf à Médréac.

A peine notre filassier a-t-il fait cette promesse, qu'un loup, plus audacieux que les autres, s'élance vers lui. Rassemblant toute son énergie il l'abat d'un vigoureux coup de bâton. Aussitôt les autres loups se mettent à dévorer leur camarade.

Pendant ce moment de répit, notre voyageur continue sa route, disant toutes les prières qu'il savait et s'adressant à tous les saints du Paradis. Mais les affreuses bêtes ne tardent pas à le rejoindre. De nouveau il promet une seconde croix et un second loup tombe par terre. Il en fut ainsi jusqu'au près du bourg de Médréac où le septième loup fut abattu, après la promesse de la septième croix.

Il existe encore de nos jours quelques-unes de ces vieilles croix en granit que le temps a malheureusement peu respectées.

(*Recueilli à Médréac (I.-et-V.) en 1889, par M. Louis de Villers*).

XXXV

Les chapelles de Champeaux

Lorsqu'on va de Champeaux au château de l'Espinay, qui n'est qu'à un kilomètre du bourg, on longe une vallée encaissée entre deux coteaux. Sur chacun de ces deux coteaux se dressent, en face l'une de l'autre, deux petites chapelles dédiées l'une à saint Job et l'autre à saint Abraham. Elles sont dans le pays l'objet de la légende suivante :

En 1512, Guy d'Espinay, en guerre avec un de ses voisins, fut un jour poursuivi de si près qu'il se vit sur le point d'être prisonnier. Cerné de tous côtés, il ne lui restait plus qu'à franchir l'immense espace compris entre les deux collines. Invoquant saint Abraham et saint Job, il fit vœu de leur élever à chacun une chapelle, s'il échappait à son ennemi. Aussitôt, éperonnant son cheval, il le fit s'élancer du haut du rocher de saint Job sur le coteau voisin. Les chapelles indiquent la distance du saut accompli par le coursier de Guy d'Espinay.

On ajoute que les deux maçons chargés de la construction de ces petits oratoires n'avaient qu'un marteau et qu'une truelle, qu'ils se lançaient de l'un à l'autre quand ils en avaient besoin.

(Ad. Orain. *Curiosités de l'Ille-et-Vilaine*, 1884, p. 9).

Il y a dans le Morbihan une paroisse de Saint Abraham.

XXXVI

Les Notre-Dame de l'Épine

Une pauvre femme, pleine de piété, gardait un jour son troupeau dans un champ de Hirel, voisin du bourg de Ruca ; tout en le surveillant, elle adressait une fervente prière à la bonne Vierge, lorsqu'elle aperçut devant elle une minuscule statuette de la mère de Dieu, au milieu d'un buisson d'épines fleuries. Elle continua sa prière avec encore plus de dévotion, mais lorsque vint la nuit, elle se dit à elle-même : « Vais-je laisser là cette jolie petite Vierge ? Si mal logée qu'elle soit chez moi, elle y sera mieux pourtant qu'ici, exposée sur son épine aux injures de l'air et de la saison. » Alors elle s'approcha de l'aubépine, prit avec dévotion la statuette et l'emporta dans sa chaumière.

La statue revint d'elle-même dans le buisson d'aubépine, et l'on fut forcé de construire dans ce lieu béni la chapelle d'Hirel.

(*Journal de Rennes*, 26 février 1892).

On a emporté plusieurs fois la statuette de Notre-Dame de Hirel ; mais elle ne se plaisait pas loin de son épine, et toujours elle y est revenue d'elle-même.

Un jour des paysans apportèrent au seigneur de Laillé une statue de la Vierge qu'ils avaient trouvée dans un buisson d'aubépine sur la Lande du Désert.

Le seigneur de Laillé voulut qu'on la déposât dans sa chapelle dédiée à saint Michel, et qui se trouvait située à la porte du château.

Le lendemain, quelle ne fut pas la surprise de tous en n'apercevant pas la statue de la Vierge dans la chapelle de Laillé. A quelques jours de là, des pâtres la virent de nouveau sur la lande et sous le même buisson. Lorsque le seigneur de Laillé eut connaissance de ce miracle, il ne douta pas que la sainte Vierge voulût une chapelle sur la Lande du Désert, et il fit édifier celle qu'on voit aujourd'hui et qui occupe la place de l'aubépine abritant la statue.

(A. Orain. *Curiosités de l'Ille-et-Vilaine*, 1890).

Il y avait à Saint-Briac une statue de la Vierge placée dans une épine, et qui faisait des miracles. Le recteur la fit enlever et transporter en son église, parce que les Briacais ne voulaient pas lui faire bâtir une chapelle. Mais dès le lendemain la statue se retrouva sur son épine, et les Briacais lui élevèrent une chapelle à l'endroit où elle se plaisait.

Un fermier du même pays, en labourant son champ, trouva une petite bonne Vierge. Il l'emporta à la maison et l'enferma dans son coffre. Le lendemain, quand il l'ouvrit, il s'aperçut qu'elle avait disparu, et pourtant la serrure n'avait pas été ouverte, et il en avait la clé dans sa poche. Il se mit à chercher dans les environs et finit par la découvrir dans le haut d'une épine ; il l'emporta de nouveau et la renferma dans son coffre. Mais le lendemain matin, on la retrouvait dans le haut de l'épine.

(*Recueilli à Saint-Briac par M. Charles Sébillot*).

Dans les légendes populaires, ainsi qu'on l'a déjà vu, et on en trouvera plus loin d'autres exemples, les saints ont des endroits de prédilection dont ils n'aiment pas à être dérangés.

Lorsque Saint-Germain-de-la-Mer cessa d'être paroisse on chargea sur une charrette la statue du saint pour l'emporter à Matignon ; quand on arriva au Pont-au-Prouvoire, le saint s'échappa et retourna à travers champs jusqu'à sa chapelle ; dans ceux par où il a passé la récolte est plus belle que dans les autres.

(Paul Sébillot, *Traditions*, t. I, p. 324).

A côté du Pont-Ruellan, en la commune de Hénanbihen, se voit une statuette dite de saint Mirli. Elle est en pierre et présente cette particularité que la tête, ayant été séparée du tronc, y était autrefois réunie par une tige. Celle-ci n'était pas fixe, et on pouvait faire tourner la tête. Si on peut l'embrasser un certain nombre de fois, on se marie dans l'année. La tête de saint Mirli a été plusieurs fois emportée, soit par des incrédules, soit par des personnes désireuses d'avoir chez eux ce saint : elle est toujours revenue d'elle-même à sa place.

Dans ses *Légendes du Morbihan*, le docteur Fouquet a raconté la découverte de la statue miraculeuse à laquelle Notre-Dame du Roncier de Josselin doit son origine ; bien que son récit ne soit pas emprunté directement à la tradition populaire, je le donne ici, en l'abrégeant un peu, parce qu'il se rattache à un ordre d'idées voisin des Notre-Dame de l'Épine.

Longtemps avant que Josselin fût une ville, des paysans avaient remarqué, là même où dans les xiv° et xv° siècles fut élevée son église collégiale, une ronce que les neiges et les verglas des plus rudes hivers ne pouvaient dépouiller de ses feuilles toujours fraîches et toujours vertes. Surpris de ce phénomène et guidés par un pressentiment religieux, ils fouillèrent le sol sous cette ronce et amenèrent au jour une statue de la Vierge qu'ils reconnurent pour miraculeuse, car aucune tradition du pays ne mentionnait l'existence en ce lieu d'une ancienne statue.

A la nouvelle de cette découverte, des flots de fidèles accoururent, les mains pleines d'offrandes, pour obtenir les grâces et la protection de Notre-Dame du Roncier, qui dans ce lieu d'élection, opérait chaque jour des merveilles. Alors une sainte chapelle fut construite pour y déposer la statue vénérée et bientôt des maisons s'élevèrent dans ce lieu béni.

L'ancienne édition d'Ogée reproduit des passages d'un livre, probablement du xviie siècle, intitulé *Le Lis fleurissant parmi les épines ou Notre-Dame du Roncier triomphante dans la ville de Josselin*, par le P. I. de l. M.

Vers l'an 808, un paysan cultivant la terre, au lieu même où l'on a bâti l'église de Notre-Dame, et coupant des ronces avec un faucillon que l'on voit encore suspendu à la voûte de l'autel, y déterra l'image consacrée. Le P. I. assure que rien n'extirperait les ronces attachées à l'un des pignons de l'église, et que le faucillon, suspendu au-dessus de l'image miraculeuse, paraît neuf comme s'il sortait de la main du maréchal. Il y a aussi à Rostrenen une église de Notre-Dame du Roncier.

XXXVII

Notre-Dame du Nid de Merle

La forêt de Rennes portait au XIIe siècle le nom de forêt du Nid de Merle. Il y a bien longtemps un jeune garçon qui gardait son troupeau dans la forêt, aperçut une lumière dans le feuillage d'un buisson. L'enfant s'arrête étonné ; il regarde plus attentivement et reconnaît que cette lueur sort d'un nid construit là par un merle ; il écarte les branches, et trouve couchée sur un lit de mousse une toute petite statue de la sainte Vierge jetant autour d'elle une céleste clarté. Il l'enlève doucement et va la porter chez le curé de la paroisse, qui la place dans son église. Le lendemain, il n'y trouve plus la statue. Le pâtre s'enfonça dans la forêt et la retrouva dans le nid de merle qu'elle avait choisi pour demeure. Trois fois il rapporta au curé ce précieux trésor, trois fois la Vierge retourna dans le petit nid. On prit alors le parti d'y construire une chapelle qui reçut le nom de Notre-Dame du Nid de Merle ; non loin de là s'éleva l'abbaye de Saint-Sulpice, dont les bénédictins conservèrent avec soin la petite statue.

(GUILLOTIN DE CORSON. *Semaine religieuse* du 31 mai 1873).

M. le chanoine Guillotin de Corson m'écrit que cette légende lui a été racontée dans le pays ; il y avait à Rennes, dans la rue du Griffon, une statuette assez fruste qui retraçait ce miracle.

A Sulniac, au hameau de la Vraie-Croix, où l'on parle français, alors que dans le reste de la commune le breton est usité, est une chapelle dont la légende raconte ainsi l'origine :

Un croisé rapportant un fragment de la vraie croix s'arrêta à cet endroit et y perdit sa relique ; il la rechercha vainement, et partit. Peu après, on vit au haut d'une aubépine un nid de pie qui jetait pendant la nuit une vive clarté. La pie avait volé le fragment de la vraie croix. On fit construire une chapelle pour la recevoir; mais toujours la relique retournait au nid de pie, et l'on finit par comprendre qu'elle voulait y rester. Alors on bâtit une seconde chapelle, de façon à ce que le fragment de la vraie croix fût placé à la hauteur même où était le nid.

(CAYOT-DELANDRE, *Le Morbihan*, p. 384).

Voici encore une autre légende qui se rattache aux emplacements préférés par les saints pour les édifices qu'on leur élève :

Très anciennement, dit une tradition reléguée dans la mémoire des vieillards, l'église de Vieux-Bourg Quintin étant venue à tomber de vétusté, les habitants résolurent de la reconstruire sur le même emplacement. Mais, la nuit, les travaux exécutés pendant le jour étaient renversés par une main invisible. Ils comprirent que Dieu ne voulait pas qu'on reconstruisit l'église dans l'endroit où elle était primitivement ; mais où la placer ? L'embarras était grand quand on vit des pies s'abattre sur les murs, en détacher la chaux et la porter à l'endroit où se trouve actuellement l'église de Vieux-Bourg, c'est-à-dire à environ quatre kilomètres de distance.

(B. Jollivet, *Géographie des Côtes-du-Nord*, t. I, p. 384).

XXXVIII

La chapelle de Notre-Dame à Bovel

A Bovel, on raconte qu'on aperçut un jour sur les vastes landes d'Anast une statue de la sainte Vierge posée sur la bruyère. Quelqu'un la plaça sur une charrette traînée par des bœufs, se promettant de la conduire à l'église de sa paroisse. Mais à peine l'attelage se fut-il engagé dans la vallée marécageuse dominée par le manoir du Bois-Denart que les bœufs s'arrêtent subitement, et ni les menaces ni les coups ne purent les faire avancer. On comprit que Notre-Dame voulait être honorée en ce lieu et Dieu permit qu'une fontaine jaillît à côté de l'endroit choisi par la sainte Vierge. On éleva un sanctuaire en l'honneur de Marie, et l'on y posa dévotement la statue que l'on y vénère encore maintenant.

(GUILLOTIN DE CORSON. *Récits historiques*, p. 144).

Le jour de la Nativité, les pèlerins vont boire de l'eau à la fontaine, jettent une pièce de monnaie dans la source, vont prier aux pieds de la statue, puis déposent une seule offrande dans le tronc béni.

XXXIX

Le prieuré de Notre-Dame de Montreuil

Il y avait une fois un riche seigneur qui avait fait vœu de bâtir une chapelle dédiée à la sainte Vierge dans un endroit appelé Montreuil, sur la lisière de la forêt de Montauban. Bientôt les matériaux furent à pied d'œuvre et on jeta les fondements. Le soir de la première journée, les ouvriers avaient choisi les plus grosses pierres pour asseoir solidement les fondations. Quel ne fut pas leur étonnement, le lendemain matin, lorsqu'ils virent leur travail défait et les matériaux transportés quelques champs plus loin.

Ils se remirent pourtant à l'ouvrage avec une nouvelle ardeur. L'un d'eux, qui était un malin, dit à ses compagnons :

— Il y a quelque sorcellerie là-dessous, m'attends je ; si vous voulez m'en croire, vous autres, nous veillerons cette nuit.

Le soir venu, ils se cachèrent dans les broussailles ; vers le milieu de la nuit, ils aperçurent deux anges resplendissants de lumière, qui enlevaient les pierres et les transportaient dans l'endroit où la veille les ouvriers les avaient retrouvés.

Le seigneur comprit que c'était le lieu choisi par la sainte Vierge, et c'est là qu'il fit construire la chapelle. Des moines vinrent s'établir auprès et construisirent un prieuré qui s'appela le Prieuré de Notre-Dame de Montreuil. Il n'en existe plus aujourd'hui que quelques vestiges.

(*Recueilli au village de Montreuil, près Montauban, en 1891, par M. Louis de Villers*).

Pierre sculptée sur la façade du prieuré
actuellement converti en ferme,
d'après un croquis de M. L. de Villers.

XL

La statue qu'on ne peut emmener

Il y avait autrefois, non loin de l'antique église de Guiguen (XIIe siècle) une chapelle que l'on prétendait avoir été bâtie par le P. Morin, célèbre prédicateur du XVe siècle, né à Guiguen. Les gens du pays appelaient ce petit oratoire « la Chapelle du bon Père Pierre Morin ». Voici une légende qu'on raconte encore aujourd'hui à son sujet. Un jour quelques mauvais garnements du bourg volèrent un fromage de cochon, et, le soir venu, se rendirent sur une lande voisine du bourg pour y faire ripaille. En passant devant la chapelle, il vint à l'idée de l'un d'eux d'inviter Pierre Morin. Il entra dans la chapelle et chargeant la statue sur son épaule, il lui dit :

— Tu vas v'ni quanté nous, Pierrot, tu vas manger du fricot.

Mais au moment où les jeunes gens allaient entamer le plat de fromage, la statue se démena tant et si bien, qu'ils furent obligés de la rapporter dans la chapelle et de la remettre à la place où ils l'avaient prise.

(L. Decombe, dans Bézier. *Supplément à l'Inventaire*, p. 87).

XLI

Saint Samson et la cathédrale de Dol

Un puissant seigneur ayant rencontré le thaumaturge Samson lui dit : « Homme de Dieu, tu vois cette grosse pierre ; lance-la ; autant d'espace elle parcourra, autant de terrain je te concéderai. »

Alors le saint, s'étant placé à l'extrémité de la chapelle qui porte encore son nom, projeta la pierre vers l'Occident. Elle tomba juste à l'endroit où se termine aujourd'hui la cathédrale.

Lorsque l'emplacement fut ainsi obtenu, le pieux évêque construisit sa basilique avec un âne et un bœuf.

Cependant, si actif que fût le fondateur de la cité doloise, il ne put achever la tour imposante du Nord. Depuis, l'on a bien essayé de poursuivre l'œuvre du saint, mais c'est inutile, car une main mystérieuse fait tomber toutes les pierres que l'on est tenté de placer sur la tant vieille tour.

L'église possède un souterrain merveilleux. Il part de la tour du sud, fait trois kilomètres sous les marais et débouche à Mont-Dol, au bas du tertre.

(Abbé F. Duynes, *Revue des Traditions populaires*, t. VIII, p. 36).

Deux villages voisins de Dol, (Mont-Dol et Carfantain) possèdent chacun une fontaine à laquelle est attaché le nom de saint Samson. Il n'existe pas d'autre *tradition orale* sur le célèbre thaumaturge dans le pays même qu'il a évangélisé.

Ici, comme en mainte circonstance, ajoute M. Duynes, l'imagination populaire a poétisé les explications prosaïques de l'histoire. Cette tour du Nord fut commencée au xv° siècle sur les ruines d'une autre beaucoup plus ancienne. Pendant plusieurs années les travaux s'effectuèrent vigoureusement, mais les fonds ne tardèrent pas à manquer et l'entreprise est demeurée dès lors dans l'abandon le plus complet. Il ne faut voir là qu'une traduction hyperbolique de la réalité. Jadis demi-forteresse, la vieille cathédrale de Dol possédait nécessairement des communications dérobées avec les fortifications et les palais de l'antique cité.

Samson, évêque de Dol, vi° siècle, (28 juillet) est le patron de Bobital, Cadélac, Dol, Illifaut, La Fontenelle, Kerity, Lanvellec, Lanvézéac, Saint-Samson, Saint-Ideuc, et on lui a élevé de nombreuses chapelles.

Saint Samson était invoqué pour guérir de la folie. Encore aujourd'hui les personnes qui redoutent cette maladie pour leurs proches viennent implorer ce saint en sa chapelle absidale. La raison de ces pèlerinages particuliers tient aux détails de la vie du célèbre thaumaturge. Tous ses anciens biographes nous le montrent ayant une puissance extraordinaire d'exorcisme. Aussi au xiii° siècle, dans la splendide verrière de la cathédrale, l'artiste peignait « un prince et une princesse couronnés, qui implorent le saint pour une jeune fille, vêtue d'une robe jaune, dont les yeux hagards et les mains liées indiquent assez une possédée. »

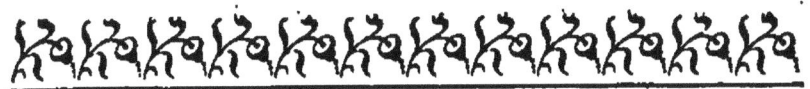

XLII

Saint Benoît de Macerac

Saint Benoît, disent les paroissiens, voulut construire une église près de son héritage favori, au village de Pen-Bu ; mais bientôt, il ne put donner suite à son pieux désir. A peine les fondations commençaient-elles à sortir de terre, que des milliers de grenouilles commencèrent à coasser sans relâche dans les marais voisins et troublèrent grandement les prières et les méditations de notre saint. Néanmoins, confiant en la bonté de Dieu, il supporta ce contre-temps avec patience et se mit en devoir de continuer son œuvre. Mais bientôt, les eaux étant devenues plus grandes, les grenouilles poussèrent l'audace jusqu'à venir établir leur demeure dans les constructions destinées à devenir l'église, malgré saint Benoît qui ne put les chasser et les détruire complètement. Alors, croyant voir un avertissement dans ce fait de la Providence, il se résigna à bâtir plus loin son oratoire, et alla en poser les premières pierres, non loin de sa fontaine, dans un lieu qui, dit-on, n'était alors que forêt, et près de l'endroit où avaient été construites tout d'abord les cellules de ses neuf compagnons. Ainsi prirent naissance le prieuré et le bourg de Macerac.

Tombeau de saint Benoît, dans le cimetière de Macerac.

Dans son intéressante monographie *Saint Benoît de Macerac*, M. de l'Estourbeillon relate encore d'autres souvenirs : dans la paroisse de Macerac, sur un coteau qui domine la vallée de la Vilaine, on voit une masse de rochers, appelés dans le pays la chaire de saint Benoît : « C'est là, disent les paysans, que sainct Benoist preschait au paouvre monde, et disait à nos anciens de tant si belles chaouses sur noûtre divin seigneur Dieu. » Une procession s'y rend le 28 octobre. Les meilleurs champs de la paroisse aux environs du bourg s'appellent la Benotterie. Non loin de l'ancienne église, au nord de la paroisse et au bord du marais, existe une ancienne fontaine, dite de Saint-Benoît ; elle est construite en gros appareil, dans le genre du XIII° siècle ; et, est surmontée d'une croix de granit. Au centre de son excavation existe encore une

Cette fontaine a été reconstruite l'an dernier
par le curé de Saint-Benoît,
et la statuette haute de quarante centimètres environ
a été remplacée par une autre plus moderne.

antique statue de saint Benoît en bois peint, de trente centimètres de hauteur environ. Elle représente un moine imberbe, vêtu de bure, la tête recouverte du capuce ; la main droite retient, appuyé sur la poitrine, un livre peint en rouge, la gauche brisée au poignet, est tendue en avant, et semble avoir tenu une crosse. On vient prier devant cette petite statue, et plus d'un ancien, après avoir bu de l'eau de la fontaine, embrasse la statue avec une religieuse ferveur. Le tombeau est dans le cimetière, il est composé d'un seul bloc de granit posé sur un massif de maçonnerie ; le couvercle en partie brisé, porte les empreintes d'une sorte d'étole gravée sur la pierre, et en tête une croix de saint André très distincte entre les deux bras de l'étole. C'est près de ce tombeau que les habitants viennent en pèlerinage « et l'on a jamais oueï prescheu, disent les anciens, qu'aucun de ceulx qui'taint venûs besouëgner près de ly en preieres s'en fut retourné mécontent et marri. »

Saint-Benoît de Masserac ou Macerac (23 octobre, *aliàs* 22 octobre), pénitent, xi⁰ siècle, a son tombeau à Masserac, dont il est le patron.

XLIII

Saint Lin

Lorsque saint Lin vint en Bretagne, il était monté sur une charrette attelée de quatre bœufs qui portait aussi son mobilier. Il n'avait pas dit au conducteur où il voulait s'arrêter ; mais quand on arriva à l'endroit où est bâtie la chapelle de saint Lin, les bœufs refusèrent d'avancer ; le conducteur eut beau les piquer et les frapper, ils ne bougèrent pas de place, et les bœufs de limon opposèrent une telle résistance, que maintenant on montre encore sur le rocher l'empreinte de leurs pieds.

(*Recueilli en 1884, aux environs de Moncontour*).

La commune de Saint-Vran, canton de Merdrignac, a une chapelle de saint Lin, d'origine ancienne, et qui a été reconstruite il y a quelques années. C'est à elle que se rapporte cette légende. On voit auprès une fontaine, à laquelle on se rend pour la guérison de la goutte et des rhumatismes.

XLIV

Notre-Dame du Pont d'Ars

DE son temps le grand saint Martin était chait en amour de sa vésine, et par un biau jou, i fut la demander en mariage. Mais Notre-Dame du Pont d'Ars li répondit :

— Je sai toute marrie, mon brave homme, de vous faire offense, mais vey'ous, je tiens à demeurer comme je sai, et à mourir vierge ; recevez-en ben mes excuses.

Et comme saint Martin insistait fort, la Vierge du Pont d'Ars li dit :

— Je ne saurais épouser personne, mon bonhomme, et j'vous l'dis sans feinte, car sans ça j's'rais la vot', ben sûr !... vous m'plaisez ben, m'est avis ; aussi pour vous consoler, j'vous donne gage de vous accorder tout c'que vous me d'manderez.

(Dr FOUQUET. *Bulletins de la Société polymathique du Morbihan*, 1860-61, p. 127).

Cette courte légende sert à un conteur à expliquer la dévotion particulière des gens de Saint-Martin pour Notre-Dame du Pont d'Ars, à qui ils vont processionnellement demander la cessation de la pluie.

XLV

La cane de sainte Brigitte

Il était une fois une princesse qui s'appelait Brigitte, et elle avait douze enfants. Pendant qu'elle voyageait avec eux sur mer, le navire qui les portait fit naufrage, et la princesse, se voyant sur le point de périr, invoqua sainte Brigitte et la supplia de la sauver ainsi que sa famille. La sainte exauça sa prière et ils furent changés en cane et en canetons.

Ils gagnèrent facilement la terre ferme, et, quand ils furent sur le rivage, sainte Brigitte leur apparut et leur dit qu'elle ne pourrait leur rendre leur forme première qu'au bout d'un certain temps : jusque-là ils devaient se rendre en pèlerinage à sa chapelle le jour de l'assemblée et le jour des Rogations, pour demander à Dieu le pardon de tous leurs péchés.

Lorsque leur pénitence fut terminée, sainte Brigitte put leur faire reprendre la forme humaine, et c'est depuis cette époque que l'on ne voit plus venir à sa chapelle la cane et ses douze canetons.

(*Conté en 1897, par François Marquer, de Saint-Cast*).

Il était une fois une princesse que poursuivait un méchant capitaine qui en voulait à son honneur. Sur le point d'être atteinte par lui, elle se jeta à la mer, et elle allait périr, quand elle invoqua sainte Brigitte, sa patronne. Sa prière fut exaucée, et elle fut à l'instant changée en cane, de sorte qu'il lui fut facile de s'éloigner en nageant.

La sainte ne borna pas là sa protection : un peu plus loin la princesse rencontra un génie des eaux, qui la recueillit dans son palais sous-marin ; elle y redevint femme et plus tard, il l'épousa.

En reconnaissance de cette miraculeuse intervention, chaque année, le jour anniversaire de celui où elle avait été sauvée, la princesse venait avec ses enfants remercier sainte Brigitte en sa chapelle. Mais pour éviter toute relation avec les hommes, elle se montrait alors sous la forme de cane, que la sainte lui avait donnée quand elle était en danger de se noyer, et ses enfants devenaient pareillement des canetons.

(*Recueilli par Mme Lucie de V. H.*)

La légende qui suit est beaucoup plus tronquée, et les conteurs ont oublié le commencement ; mais elle explique pourquoi les apparitions ont cessé, et relate en même temps une vengeance de sainte Brigitte à l'égard d'une pèlerine irrespectueuse :

Du temps des fées, on voyait tous les ans, à l'assemblée de Sainte-Brigitte, arriver une cane suivie de douze canetons, qui se rendait à sa chapelle.

Elle y vint plusieurs années de suite ; mais un jour un méchant garçon tua l'un des canetons d'un coup de pierre, et depuis ce temps, la cane ne reparut plus. Celui qui avait commis ce meurtre en fut puni, car à partir de ce moment lui et les siens n'éprouvèrent que du malheur.

Il ne faisait pas bon se moquer de sainte Brigitte. Un jour deux jeunes filles étaient venues en pèlerinage à sa chapelle, et l'une d'elle s'écria en voyant la statue :

— Oh ! la vilaine sainte ! pour tout l'argent du monde, je ne voudrais pas l'embrasser !

A peine eut-elle achevé ces paroles, que par la permission de la sainte sa tête fut changée de côté.

(*Conté en 1885, par J. M. Comault*).

La cane et les canetons suivaient aussi la procession des Rogations.

D'après une autre version, le jeune homme qui avait tué l'un des canetons fut aussitôt transformé en épervier, et peu après il fut tué d'un coup de fusil, au moment où il se disposait à enlever un poulet dans la cour d'une ferme.

D'autres disent qu'il fut changé en cochon, et qu'il se mit à suivre la procession en grognant. Un fermier l'emmena ; mais ayant essayé vainement de l'engraisser, il lui cassa la tête d'un coup de hache et l'enterra dans un coin de son jardin.

Sainte Brigide ou Brigitte, vierge et abbesse, vi⁰ siècle (8 septembre), est invoquée par les femmes en couches en Basse-Bretagne, et en Haute-Bretagne elle donne du lait aux nourrices. Elle est la patronne de Berhet, Kermoroch, Loperhet, Noyalo, Perguet, Sainte-Brigitte, et elle y a de nombreuses chapelles. En Haute-Bretagne, je ne connais que celle qui est près de Merdrignac et celle à laquelle se rattachent les légendes ci-dessus. Elle est située dans la commune de Notre-Dame du Guildo ; la statue de la sainte est fort laide en effet, et l'on comprend en la voyant l'exclamation de la pèlerine ; il y a à côté une statuette de sainte Marguerite, plus petite, et derrière la chapelle sont deux fontaines dont l'eau est de bonne qualité et très abondante, qui portent le nom des deux saintes.

Sainte Brigitte de Merdrignac est invoquée par les nourrices pour avoir du lait. Près de sa chapelle est aussi une fontaine. On raconte à Laurenan qu'un homme du village de l'Erignac qui se rendait au marché, ayant entendu les lamentations d'une femme qui suppliait la sainte de lui donner du lait, entra dans la chapelle et se mit à se moquer d'elle.

Mal lui en prit, car à peine fut-il sorti qu'il lui sembla qu'on lui tenaillait les seins, et quand il rentra chez lui il était plus gonflé de lait que ne le fut jamais vache laitière.

On m'a plusieurs fois raconté ces légendes, mais elles ne sont plus connues de tout le monde dans le voisinage, ainsi que j'ai pu m'en convaincre par l'enquête que j'ai faite. Les deux premières versions sont assez étroitement apparentées avec la célèbre légende de la cane de Montfort.

Je n'ai jamais trouvé celle-ci dans la tradition orale, tout au moins à l'état de récit en prose. M. Joüon des Longrais, qui a réimprimé le « *Recit veritable de la venue d'vne Canne sauvage en la ville de Montfort* », composé en 1652 par le père Barleuf, ne connaissait que des versions en vers de cette légende (1), qu'il a étudiée dans sa curieuse introduction. Mais il y reproduit plusieurs variantes de la chanson populaire dont Châteaubriand cite quelques vers dans ses *Mémoires d'outre-tombe* et que sa mère lui chantait, il y a plus d'un siècle; le docteur Roulin a recueilli, vers 1850, deux versions qui sont reproduites dans les *Chansons populaires d'Ille-et-Vilaine* de Lucien Decombe, et j'ai moi-même rencontré plusieurs chansons qui parlent d'une « fille du païs du Maine », transformée en cane. Vers 1820, M. Poignand a donné dans ses *Antiquités historiques et monumentales*, une chanson qui, au contraire, localise l'aventure aux environs de Montfort. C'est à ce titre que je la reproduis ci-dessous, et aussi parce que c'est la seule chanson populaire qui, à ma

---

1. Il mentionne le récit qui se faisait dans le peuple de Montfort d'une empreinte laissée par la cane sur le manteau de la cheminée de la grande salle du château.

connaissance, se rattache à la légende dorée de la Haute-Bretagne.

>
> Une fille du bourg de Saint-Gilles,
> Des plus belles et des plus gentilles,
> Un dimanche la matinée
> Par des soldats fut enlevée.
>
> Lui ont lié si dur les veines
> Qu'elle ne peut avoir son haleine,
> Et l'ont malgré tous ses efforts,
> Conduite au château de Montfort.
>
> L'officier la voyant venir
> De joie ne pouvait se tenir :
> « Faites-la monter dans ma chambre,
> Nous dînerons tantôt ensemble. »
>
> A chaque marche qu'elle montait,
> Son pauvre cœur (il) soupirait.
> « C'est donc ici la belle chambre
> Où il faut que mon Dieu j'offense. »
>
> Le capitaine assura bien
> Que son Dieu n'offenserait point,
> Qu'il lui donnait son cœur pour gage
> Et la prendrait en mariage.
>
> « Oh ! monsieur, permettez-moi donc
> Que je fasse mon oraison. »
> Elle a prié Dieu, Notre-Dame
> Et saint-Nicolas d'être cane.
>
> Quand la prière fut achevée,
> En cane elle a pris sa volée,
> Elle s'envola par une grille
> Dans un étang plein de lentilles.

Quand le capitaine vit cela,
Tous ses soldats il appela,
Ont bien donné cinq cent coups d'armes
N'ont jamais pu toucher la cane.

Le capitaine au désespoir,
Ne veut rien entendre ni voir,
Ne veut plus être capitaine,
Dans un couvent se fera moine.

La cane et ses canetons,
partie de la grande verrière de l'église Saint-Nicolas de Montfort,
aujourd'hui détruite,
et qui avait été donnée au xvi° siècle
par Guy comte de Laval.
(Réduction de la gravure publiée par M. Julien des Longrais.)

XLVI

Les fées chrétiennes

Les esprits dont la croyance populaire a peuplé les lieux remarquables par leur disposition singulière, les vieux édifices, les cavernes et même les maisons, ne sont pas tous vus du même œil par les gens de campagne. S'ils craignent les maléfices des démons, les espiègleries des lutins et des animaux fantastiques, les fées leur semblent mériter des égards particuliers. Dans les légendes, elles jouent presque toujours un rôle bienfaisant : ce sont elles qui douent les enfants, qui protègent contre l'ogre ou l'homme fort, le petit garçon faible, mais courageux, qui, grâce à leur aide, finit par triompher ; ce sont elles qui font aux pauvres gens des présents bien précieux, du pain qui ne diminue pas, des vêtements, ce qu'il faut pour les mettre à l'abri du besoin.

Les paysans leur sont reconnaissants ; on les entend rarement les traiter de sorcières, de maudites. Ils emploient au contraire des expressions qui témoignent de la sympathie qu'ils leur gardent. Ils les nomment les bonnes dames, nos bonnes mères les fées, et semblent regretter qu'elles aient disparu au commencement de ce siècle. Plusieurs — en Haute-Bretagne du moins — espèrent que leur départ n'est pas définitif et qu'on les reverra le siècle prochain.

Une des preuves les plus convaincantes de la sympathie que leur garde le peuple est la manière dont il envisage les fées au point de vue de la religion. Il lui répugnerait de savoir païennes et damnées les dames bienfaisantes des cavernes et des bois. Cependant il est dangereux pour elles de devenir chrétiennes ; car pour tuer les fées, il suffit de leur mettre du sel dans la bouche. C'est de cette manière que, d'après les conteurs, les fées de Plévenon ont cessé d'être immortelles[1], et, comme le sel est un des ingrédients usités dans la cérémonie du baptême, il est presque impossible qu'elles soient baptisées. Cependant elles peuvent entrer dans les églises, être marraines et assister à des mariages. Elles ne sont ni tout à fait chrétiennes ni tout à fait païennes. Ce sont, d'après une croyance assez répandue en Haute-Bretagne, des esprits, des espèces d'anges condamnés à une pénitence qui

---

1. La mort des fées. *Contes populaires de la Haute-Bretagne*, 2e série, no XX.

doit être accomplie sur terre, et au bout de laquelle ils reprendront leur rang dans le paradis.

Le peuple va parfois plus loin : il leur fait construire des églises, et, ainsi qu'on le verra plus loin, ériger des croix. Par là sans doute elles font œuvre chrétienne et leur pénitence est abrégée.

Les légendes qui suivent montrent des fées — ce sont toujours des fées auxquelles on assigne une résidence dans le pays et non les fées innommées des contes — qui touchent de près au christianisme ; parfois même elles font des actes chrétiens. Faut-il y voir un souvenir lointain de l'époque où les prêtresses gauloises devinrent chrétiennes, ou ce rôle leur est-il attribué uniquement par sympathie ? C'est une question que l'on peut poser, mais non résoudre, surtout en présence du très petit nombre de documents qui montrent ce rôle particulier des fées.

XLVII

La croix des fées

Il y a en Nazareth, près de Plancoët (Côtes-du-Nord), une croix qui, à ce qu'on assure, a été plantée par les fées ; il y a dessous trois barriques d'argent. Si quelqu'un allait à minuit juste à cet endroit le jour d'une grande fête, il pourrait facilement avoir cet argent ; car à minuit cette croix se lève de terre d'un côté, et est penchée tout d'un bord, et l'on pourrait voir et prendre le trésor ; mais après minuit, elle revient à sa place.

(*Recueilli par M. Charles Sébillot.*)

XLVIII

Comment Notre-Dame de Lamballe fut bâtie par les fées

LE chœur de l'église Notre-Dame de Lamballe est bâti sur de belles caves s'ouvrant au-dehors par une porte basse, située au pied du mur côté nord. Si vous interrogiez les plus vieux des habitants de cette ville au sujet de cette porte à l'air mystérieux et qu'ils n'ont jamais vu s'ouvrir, ils vous répondraient invariablement, que c'est l'entrée d'un souterrain reliant Notre-Dame au château de La Hunaudaye, avec ramification jusqu'à la Caillibotière [1].

Ce souterrain a été construit par les fées en même temps que le chœur de l'église : la meilleure preuve, c'est que les galeries du chœur conduisent dans la chambre à Margot, comble du côté nord, justement au-dessus de la porte du souterrain, et qu'on voyait encore ces dernières années sa

---

1. Village de Saint-Aaron, à six kilomètres de Notre-Dame, où l'on prétend voir les ruines d'un vieux château.

quenouille pétrifiée dans un coin de la chambre. Tous les trésors de Margot sont dans le souterrain : il y a des monceaux de pièces de six francs.

Si les prêtres parvenaient jusqu'au tas d'argent, qui est maintenant gardé par un suppôt du diable, il leur suffirait d'y jeter quelques gouttes d'eau bénite et le trésor appartiendrait à l'église. Ils ont bien essayé à diverses reprises : la dernière fois, il n'y a pas plus de cent ans ; mais c'est impossible. Ils étaient entrés dans le souterrain avec la croix, la bannière, chacun ayant un cierge béni à la main pour éclairer la route, le recteur ayant ses étoles et un goupillon ; mais, avant d'avoir fait cent pas, ils virent une nuée de *guibettes* (variété de cousins) voltigeant autour de la flamme des cierges et s'y brûlant en si grand nombre qu'elles finirent par tout éteindre. La procession eut bien de la peine à sortir du souterrain : depuis, on a condamné la porte et il est défendu d'y entrer.

Quant aux galeries du chœur, c'est une vraie chance qu'elles soient finies. Si vous avez passé sur le tertre de Caliguet, un des contreforts de la colline de Bel-Air, en Trébry, vous avez dû remarquer un grand nombre de pierres de toutes dimensions, accumulées là comme à plaisir : c'est la dernière *devantelée* (charge d'un tablier) de Margot apportant des pierres à ses sœurs, qui bâtissaient Notre-Dame et la tour de Cesson.

Quand elle arriva, ses sœurs donnaient le dernier coup de truelle, ce qui l'étonna, car l'église n'était commencée que depuis dix heures, et elle n'avait apporté que trois devantelées de pierres. Voilà comment Notre-Dame a été bâtie en deux heures, et avec les trois devantelées à Margot.

(*Recueilli par M. Cauret, professeur au lycée de Saint-Brieuc*).

Suivant la légende, on aurait aperçu, il y a bien longtemps, dans les rochers sur lesquels s'élève Notre-Dame, au milieu des ronces, sous un bouquet d'aubépines *toujours* fleuries, une statuette de la Vierge Mère, conservée dans cette église sous le vocable de Vierge miraculeuse. Les habitants la portèrent inutilement dans leur église paroissiale et dans chacune de leurs chapelles ; la nuit suivante, la statue retournait invariablement sur son rocher : c'était dire clairement aux Lamballais qu'elle voulait une chapelle en ce lieu.

Ils se décidèrent à construire une église, mais les travaux étaient à peine commencés que les fées achevèrent le tout dans une seule nuit, sans oublier la tour.

D'après un autre récit (Sébillot, *Gargantua*, p. 70), c'est après avoir laissé inachevé le portrait de saint Jacques le Majeur en Saint-Alban, par la peur que Gargantua leur avait faite, que les fées vinrent construire la cathédrale de Lamballe.

XLIX

Les fées et les chapelles

LA chapelle de Hirel en Ruca (Côtes-du-Nord) a été bâtie par les fées en une seule nuit. Elles avaient l'intention de la faire plus grande et de la joindre à l'église de Ruca. La nuit suivante, elles allèrent au Port-à-la-Duc chercher les pierres qu'il leur fallait pour cela. L'une d'elles revenant avec son fardeau rencontra sur le chemin une pie morte. Elle ne savait pas ce que c'était, et elle s'adressa à une bonne femme qui passait sur la route.

— Qu'est-ce que cet oiseau qui ne bouge point ?
— 'Est éune pie morte, répondit la bonne femme.
La fée surprise demanda :
— Mais, est-ce que nous mourrons tous ainsi ?
— Vère, ben sûr.

Quand la fée entendit cela, elle dénoua son tablier et jeta sa « devantelée » de pierres, puis elle courut bien vite dire à ses compagnes de ne pas continuer, parce qu'elles mourraient toutes comme la pie.

Les énormes pierres que l'on voit auprès du moulin de Saint-Gilles, sont celles que la fée laissa tomber de sa devantière.

(*Recueilli par M. Charles Sébillot*).

⁂

A Saint-Alban, commune assez voisine de Ruca, se trouve une chapelle de saint Jacques le Majeur, intéressante au point de vue architectural. Son portail fut, dirent à Habasque vers 1835, des femmes du voisinage, élevé par l'enchantement des fées; mais elles ne le terminèrent point, parce qu'elles rencontrèrent le cadavre d'une pie morte.

(*Notions historiques*, t. III, p. 70.)

Suivant une autre légende, pendant qu'elles ramassaient des pierres pour cette chapelle, elles virent Gargantua qui se promenait par Saint-Alban, en le voyant si grand, elles crurent qu'il était plus puissant qu'elles; elles prirent peur et laissèrent leur ouvrage inachevé.

Ce sont aussi les fées qui ont construit la chapelle de Notre-Dame-du-Haut en Trédaniel.

(Paul Sébillot. *Gargantua*, p. 70. *Revue des Trad. pop.*, t. II, p. 438.)

⁂

A Pleslin les anciens racontent que les fées portant les pierres du Champ-des-Roches pour la construction du grand Mont Saint-Michel, et les trouvant trop lourdes, les déposèrent à Pleslin et les alignèrent sur un espace de quatre à cinq cents mètres.

(Ernoul de la Chenelière. *Inventaire*, p. 10).

L

Les canonisations populaires

Tous les saints dont nous avons jusqu'ici rapporté les légendes ont été canonisés régulièrement, ou ont une possession d'état de sainteté qui remonte à plusieurs siècles ; il en est d'autres en Haute-Bretagne, comme ailleurs, qui ont été béatifiés par le peuple sans l'intervention du clergé, quelquefois malgré lui, et qui sont l'objet d'un culte parfois clandestin. Quelques-uns ont une sorte de légende, d'autres n'en possèdent que les rudiments : ce sont surtout ces fragments que nous avons réunis dans cette section.

Près d'Augan (Morbihan), un frais vallon au milieu des landes se nomme le Vallon de saint Couturier. Sur le sommet d'une de ses pentes est une grotte naturelle formée d'énormes quartiers de roches. C'est la grotte de saint Couturier. Quand je demandai ce que c'était que saint Couturier, on me répondit que c'était un pauvre homme qui allait autrefois coucher toutes les nuits dans cette grotte enveloppé de sa berne, qu'il trempait auparavant dans l'eau du ruisseau, pour faire plus rigoureuse pénitence. Aujourd'hui saint Couturier a la réputation de guérir de la fièvre, et quelques villageois pleins de foi dans sa vertu font de temps à autre à sa grotte un dévot pèlerinage. A quelques pas de là, on voit les débris d'une roche aux fées, qui paraît avoir eu quinze mètres de longueur.

(CAYOT-DELANDRE, *Le Morbihan*, p. 305).

Il y a à Augan un village qui porte le nom de Saint-Couturier.

En se rendant du château du Bois-de-la-Roche au bourg de Néant, on passe près d'une source appelée la Fontaine de la sainte. Ce nom lui fut donné parce qu'elle jaillit spontanément à l'endroit où ceux qui portaient du château au bourg Mlle de Volvire se reposèrent un instant¹. C'est un lieu de pèlerinage où l'on se rend de toutes les communes voisines en grande dévotion.

(CAYOT-DELANDRE, l. c., p. 308.)

1. Voir la légende de la page 68 ; Mlle de Volvire mourut en odeur de sainteté, l'an 1694.

A une petite distance du bourg de Péaule (Morbihan) est une croix sur laquelle est grossièrement gravée dans la pierre cette inscription :

CROIX DE SAINT CARAPIBO
MORT LE 1er NOVEMBRE 1793

Elle a été élevée à l'endroit où le curé de Péaule tomba sous les balles des bleus.

(C. D'AMEZEUIL. *Légendes bretonnes*, p. 85.)

Un peu avant de sortir de la forêt de Teillay ou du Theil, du côté du bourg de ce nom, se trouve la Tombe à la Fille. On raconte que cette fille ayant vu une troupe de chouans qui se cachaient dans la forêt, alla avertir les gardes nationaux de Bains. Ceux-ci vinrent surprendre les royalistes et les tuèrent tous. Elle fut surprise à son tour par les chouans qui la fusillèrent et l'enterrèrent en ce lieu où se voit encore sa tombe.

Les paysans des environs viennent parfois y prier. Elle est connue sous le nom de sainte Pataude, nom qui lui avait été donné ironiquement par les royalistes. On sait que pendant la période révolutionnaire les chouans désignaient les républicains par le sobriquet de Pataud.

(GOUNÉ. *Histoires et légendes du pays de Châteaubriant*, p. 352 ; P. BÉZIER. *La forêt du Theil*, p. 22).

Sur l'emplacement de l'ancien cimetière d'Ercé-près-Liffré, qui était autour de l'église, est un petit tombeau surmonté d'une statuette de la Vierge en faïence. C'est là que gît la sainte de Chasné, au tombeau de laquelle on fait des neuvaines. Personne ne sait son vrai nom. Sa réputation de sainteté vient, m'a-t-on assuré, de ce que, en détruisant l'ancien cimetière, on trouva un cadavre entier. On se rappela que jadis on avait enterré en cet endroit une femme qui avait supporté avec une résignation exemplaire les mauvais traitements de son mari, et l'on conclut que son corps n'ayant pas été soumis à la pourriture, elle était sainte.

(PAUL SÉBILLOT. *Traditions et superstitions*, t. I p. 331.)

Saint Rou était un fameux chasseur. Il arriva dans une lutte contre une troupe de sangliers que son cheval s'emporta et vint se noyer dans la fontaine. On y montre au fond sur une pierre énorme l'empreinte de ses pieds, et durant les tempêtes, on y entend des hennissements effroyables. Le cavalier se noya aussi, et comme c'était un saint, l'eau de la fontaine a une vertu miraculeuse.

(HENRI DE KERBEUZEC. *La légende de saint Rou*, Rennes 1894).

Cette légende qui a été recueillie dans la forêt de Rennes, vise un saint dont une de mes conteuses m'avait parlé en 1880. D'après elle, la statuette du saint, en grès verni, se voyait dans une niche près d'une fontaine, et était coiffée d'un chapeau à trois cornes, à la mode du siècle dernier. On s'y rend en pèlerinage pour la fièvre. Souvent les pâtours vont chercher saint Rou pour s'amuser, et ils oublient parfois de le rapporter dans sa niche ; ils l'attachent même quelquefois à des barrières, mais le lendemain on le retrouve à sa place. On avait voulu le porter dans l'église de Liffré ; mais il s'y déplaisait, et il revint de lui-même dans sa niche auprès de sa fontaine.

(PAUL SÉBILLOT. *Traditions*, t. I, p. 322).

D'après une lettre de l'auteur de la légende de saint Rou, ce saint est en bois vermoulu, d'un travail très grossier.

Les paysans des environs de Rennes vont demander la guérison de la fièvre sur une tombe du cimetière de cette ville, qu'ils ont baptisée naïvement de « tombe de la sainte aux pochons ». Une croix de bois, peinte à l'ocre, aux bras de laquelle sont suspendus de petits sacs remplis de terre, distingue seulement cet emplacement funéraire. Les croyants se rendent à cette sépulture qui est, d'après les dires, celle d'une religieuse de la famille de Coëtlogon, dont l'existence fut toute consacrée à la bienfaisance, emplissent de terre enlevée au pied de la croix un petit sac qu'ils portent sur la poitrine pendant neuf jours, et quand, à l'expiration de ce laps de temps, ils viennent le suspendre à la croix, le mal a dû les quitter.

La tombe de la sœur Nativité, religieuse urbaniste, du siècle dernier, dans le cimetière de Laignelet, reçoit des visiteurs aux mêmes fins, et est l'objet des mêmes pratiques, ainsi que le tombeau de M. Leroux, recteur de Boistrudan, tué dans le cimetière de cette paroisse en 1792.

(P. BÉZIER. *La Forêt du Theil*, p. 24).

A Lamballe on porte les enfants au tombeau de M. Lecuyer, enterré dans le cimetière ; à Saint-Caradec les mères viennent exercer leurs enfants à marcher sur la tombe de Guillaume Coquil, recteur, mort en odeur de sainteté en 1747.

(PAUL SÉBILLOT. *Trad. pop.*, t. I, p. 52).

LI

La fosse à Gendrot

Dans la forêt du Theil, sur le bord d'un petit ruisseau dont l'eau passe pour avoir des vertus curatives, est un coin resserré, lieu de pèlerinage pour les fiévreux, et qui est connu sous le nom de la « Fosse à Gendrot ».

D'après ce qu'on raconte dans les environs, Gendrot ou Gendrin devait être un enfant du pays qui, à l'époque de la Révolution, gagnait sa vie comme domestique dans la Mayenne. Les évènements de 1793 le décidèrent à revenir à son village natal, et il entreprit ce voyage en compagnie d'un ou deux camarades. Comme ils traversaient la forêt à la tombée de la nuit, des gardes nationaux tirèrent sur eux, les prenant pour des espions des chouans. Gendrot tomba mortellement blessé, tandis que ses compagnons parvenaient à s'esquiver. Il se traîna péniblement jusqu'au ruisseau, et le lendemain il fut aperçu par un pâtour qui puisa de l'eau à la source avec son sabot, et lui donna ainsi à boire pour calmer la fièvre qui le dévorait. Il vécut ainsi, dit-on, pendant trois jours.

La première personne qui le rencontra mort fut une femme qui creusa légèrement le sol, au bord du filet d'eau, et l'ensevelit en le recouvrant d'un peu de terre et de feuilles. Le trou, creusé à la hâte, étant trop court, le corps s'y trouva déposé replié sur lui-même. Quelques semaines après la femme fut atteinte de douleurs de reins qui ne la quittèrent du reste de ses jours, et la courbèrent comme elle avait fait du cadavre de Gendrot.

On dit que jusqu'à l'époque où l'on se décida à l'enterrer convenablement, la tête reparaissait intacte en dehors du trou, en manière de protestation. Il y a une soixantaine d'années on creusa le ruisseau, et le corps mis à découvert accidentellement n'était pas décomposé.

Il n'était pas besoin d'autre chose pour que la crédulité populaire inscrivît sur son martyrologe particulier un nouveau saint qu'elle ne devait pas tarder à invoquer pour la guérison de la fièvre, puisque Gendrot était mort enfiévré.

Le clergé paroissial a essayé à différentes reprises, mais vainement, d'arrêter les visites et pratiques superstitieuses à la fosse. On dit tout bas qu'un recteur qui avait fait enlever par sa domestique les *ex-voto* appendus au tombeau voisin, fut atteint de la fièvre ainsi que sa domestique, et qu'ils ne furent guéris qu'après avoir remis en place les pieux objets dont ils avaient dépouillé l'arbre de la tombe.

A ce tombeau sont fixées de nombreuses croix de toutes dimensions, la plupart fabriquées dans la forêt, au moyen de deux lamelles de coudrier maintenues l'une à l'autre par une encoche, et une ou deux petites grottes abritant une statuette de la Vierge. Au pied d'une croix plus grande que les autres et qui s'appuie à terre, et contre le tronc de l'arbre, les visiteurs déposent dans un trou creusé dans le sol des pièces de menue monnaie, que le premier pauvre venu peut s'approprier, à charge de réciter des prières. Dans les hameaux voisins, on est persuadé que la fièvre ne manquerait pas de s'attaquer à ceux qui se rendraient irrévérencieusement à la fosse ou qui enleveraient du trou les pièces de monnaie, sans s'acquitter de l'obligation de la prière.

(P. Bézier. *La forêt du Theil*, 1888, p. 90 et suiv.).

LII

Saint Lénard

Lénard était un bandit de la pire espèce, ne vivant que de vols, de pillages, tuant par plaisir, et étant la terreur de la contrée. Les rouliers n'osaient s'aventurer sur la grande lande entre Sens et Andouillé que lorsqu'ils étaient assez nombreux pour tenir tête au brigand, qui ne quittait pas ces parages.

Un jour Lénard avisa un arbre et cueillit un de ses fruits ; c'était une poire sauvage appelée dans le pays poire d'étranglard, tellement âcre que Lénard, après l'avoir goûtée, la jeta vivement loin de lui.

Le hasard voulut qu'elle tombât sur un petit arbuste, où quelques mois plus tard, le voleur, en passant par le même endroit, la retrouva ; par curiosité il la prit, et charmé de la belle couleur qu'elle avait revêtue, la porta à ses lèvres.

La poire amère qu'il avait dédaignée était devenue d'une saveur exquise. Frappé de ce fait,

Lénard devint pensif, il eut honte de sa conduite, et pris d'un repentir soudain il s'écria : « Tout s'amende ici-bas ; il n'y a que moi qui suis de plus en plus criminel. Eh bien ! je changerai ; et Lénard le criminel deviendra désormais Lénard l'honnête homme ». Il en était là de ses réflexions, lorsqu'il entendit les cris d'un roulier, essayant de retirer son attelage d'une des nombreuses ornières qui remplissaient le chemin.

Lénard vola au secours du charretier, qui trompé par sa mauvaise réputation, et croyant avoir à défendre sa vie, court sur le brigand et l'assomme d'un coup de garrot.

Avant d'expirer Lénard fit part au roulier de l'intention qu'il avait eue de réformer sa vie ; dès lors la pitié populaire en fit un saint.

Vers 1870, on lui a élevé le tombeau qu'on aperçoit aujourd'hui sur la lande, témoin de ses crimes et de sa conversion. Le curé d'Andouillé cria au sacrilège et fit démolir le tombeau ; mais il a été réédifié par les soins des habitants qui y voient une source de profit pour le pays. Le vendredi saint la tombe de saint Lénard est le but d'un pèlerinage, et on l'invoque pour la guérison des douleurs rhumatismales.

(Orain. *Géographie d'Ille-et-Vilaine*, p. 465.)

J'ai donné dans mes *Contes populaires de la Haute-Bretagne*, t. I, p. 343, une version de cette légende recueillie à Ercé-près-Liffré ; d'après elle saint Lénard fut un méchant farceur, mais non un brigand ; il se contentait de jouer des tours aux rouliers en creusant des ornières ou en plaçant sur la route d'énormes pierres ; il se cachait derrière les arbres pour jouir de leur déconvenue. L'épisode de la poire (ici c'est une pomme sauvage) qui s'amende en vieillissant s'y retrouve aussi, ainsi que la mort tragique de Lénard converti. D'après ma version, le tombeau aurait été érigé par un homme qui, passant près de là, aurait été irrévérencieux à l'égard de saint Lénard, qui se vengea en le rendant boiteux par des douleurs rhumatismales. On raconte dans le pays nombre de punitions analogues, ou de guérisons miraculeuses obtenues par l'intercession de saint Lénard.

LIII
Saint Méloir

Saint Méloir naquit dans un château de la Cornouaille ; son père était un chef qui fut tué par un des oncles de Méloir, lequel voulut le tuer aussi. Mais le bourreau eut pitié du jeune âge de Méloir ; il l'épargna et même sollicita sa grâce ; l'oncle, furieux, coupa le pied et la main de son neveu. Mais Dieu guérit les blessures de Méloir et lui mit un pied d'argent et une main d'or.

Le petit Méloir errait dans les bois, quand il rencontra saint Corentin qui l'emmena dans son monastère. Son oncle, ayant su où il s'était réfugié, voulut encore le faire mourir. Corentin dit à son disciple de s'enfuir ; mais le méchant oncle atteignit saint Méloir et le tua.

(Recueilli aux environs de Dinan.)

Ce récit n'est qu'une sorte d'abrégé de la vie de saint Mélar rapportée par Albert Le Grand.

Rivode, oncle de Mélar, envoya un de ses officiers avec mission de lui apporter la tête de son neveu ; il se laissa attendrir par les prières et les présents de la mère du saint, et se contenta de lui couper le pied gauche et la main droite. On fit à Mélar un pied d'airain et une main d'argent dont il se servait aussi bien que si c'eussent été ses membres naturels, et l'un et l'autre croissaient en même temps que les autres parties du corps. Un poète breton, cité en note par Kerdanet, dit que la main et le pied descendirent du ciel.

Cambry, éd. Fréminville, dit en parlant de Lanmeur que saint Médard (lisez Mélar) eut une main coupée : Dieu la fit repousser comme une patte d'écrevisse : pour rappeler ce miracle, sa statue tient une main coupée, qu'elle montre orgueilleusement aux spectateurs (p. 90).

Saint Mélar ou Méloir, prince breton et martyr, VIIe siècle (2 octobre), est invoqué pour la bonne dentition des enfants. Il est le patron de Fégréac, Lanmeur, Locmélar, Meillan, Tréméloir, Saint-Méloir-des-Ondes, Saint-Méloir, diocèse de Saint-Brieuc. Son nom vulgaire est saint M'la. Il a de nombreuses chapelles, surtout en Basse-Bretagne.

LIV

Les sept saints

Il y avait une fois une reine d'Irlande, qui, devenue mère de sept garçons tous vivants, et étant effrayée de leur nombre, donna l'ordre à la femme qui l'assistait d'aller les jeter à l'eau. Forcée d'obéir, la gardienne mit les sept enfants dans un panier couvert et s'achemina vers la rivière. Mais la Providence veillait sur la destinée de ces enfants qui devaient tous un jour être des saints, et elle fit que le roi leur père, revenant d'une guerre lointaine, se trouva en ce moment sur le chemin de cette femme.

Surpris d'entendre sortir du panier qu'elle cherchait à cacher des vagissements plaintifs, il lui demanda où elle allait et ce qu'elle portait. La gardienne épouvantée, se précipita, les larmes aux yeux aux genoux du roi, et lui faisant l'aveu complet du crime dont elle était chargée, elle le supplia de détourner d'elle sa colère, parce qu'elle n'était que l'instrument de la reine à laquelle elle était forcée d'obéir.

Dans le premier moment de son indignation, le roi songea à punir de mort cette malheureuse femme, mais touché de son repentir et de sa douleur, il voulut bien lui pardonner, en exigeant d'elle qu'elle laissât croire à la reine que le crime était consommé, et qu'elle se mît en quête de sept bonnes nourrices.

Tout fut fait comme le voulait le roi, et les sept garçons, confiés à d'excellentes nourrices, furent élevés dans la sagesse et grandirent en force, en beauté et en vertus.

Quand ils furent assez grands et assez forts pour n'avoir plus rien à craindre de la méchanceté de leur mère, le roi voulut les reconnaître et les élever au rang qui leur était dû. Il les fit tous habiller de neuf et commanda de les amener au palais. Dès qu'ils furent en sa présence, le roi manda la reine et lui dit :

— Examinez bien ces jeunes gens, madame, et dites-moi si vous en avez souvenir.

— Nullement, dit la reine, aucun d'eux ne m'est connu, et pourtant, sire, leur vue me trouble.

— Ce qui vous trouble, madame, dit le roi, c'est le remords ; car ces jeunes gens sont vos enfants et aussi les miens, enfants dont vous avez eu la cruauté d'ordonner la mort et que moi, j'ai pu sauver. L'heure de la justice a sonné pour vous et vous allez mourir... Quant à vous, mes enfants, continua le roi, non seulement je vous reconnais et vous replace au rang qui vous appartient, mais encore je fais le serment solennel de satisfaire au premier vœu que vous voudrez bien exprimer.

— Soyez béni, notre père, dirent les sept jeunes gens en se précipitant aux genoux du roi ; mais ne changez pas en un jour d'amertume ce jour de bonheur, épargnez notre mère, et pour que notre présence n'éveille pas en son cœur le remords éternel d'un jour d'égarement, souffrez que nous nous retirions du monde pour nous donner à Dieu.

Lié par son serment, le roi, qui était très bon et très miséricordieux, voulut bien pardonner à la reine ; mais il ne pouvait se décider à se séparer de ses fils, au moment où il venait de les rapprocher de lui. Cependant, touché de leurs instances, il consentit à les laisser partir, mais à la condition qu'un d'eux au moins resterait auprès de lui.

Saint Maudé, saint Congard, saint Gravé, saint Perreux, saint Gorgon et saint Dolay s'embarquèrent alors pour la petite Bretagne, où les uns se firent ermites et les autres moines, tandis que saint Jacut restait en Irlande, à la cour de son père, qui le combla d'honneurs, lui fit bâtir un beau palais et le força d'épouser une jeune et belle princesse.

Mais saint Jacut, comme ses frères, était tout à Dieu et fort peu aux choses de ce monde ; aussi sa jeune femme qu'il négligeait ne tarda pas à devenir, par sa conduite, un sujet de scandale. Averti de ses déportements, saint Jacut, sous prétexte de promenade, sortit un jour avec elle, la conduisit à la forêt voisine, et là, près d'une fontaine, il lui dit : « On vous accuse, madame, de manquer à tous vos devoirs ; si vous êtes innocente, prouvez-le-moi en vous trempant les mains dans cette fontaine ».

La princesse, qui ne trouvait rien de grave dans cette épreuve, plongea hardiment ses mains dans l'eau, mais elle les retira aussitôt en jetant un cri de douleur, car elle était cruellement brûlée. « Cette épreuve me suffit, dit alors saint Jacut ; vous êtes coupable : ne soyez donc point surprise si je vous fuis comme on fuit le péché mortel. » Et sur le champ, il quitta l'Irlande et vint s'établir, comme ses frères, dans notre Bretagne armoricaine, où il se retira, pour vivre dans la prière, au fond d'une immense forêt.

Mais dans cette forêt existait une retraite de bandits qui, apprenant que le fils d'un roi s'était établi près d'eux, imaginèrent qu'il avait avec lui beaucoup d'or et de bijoux, et résolurent de le dépouiller de ses richesses. Ils se présentèrent donc à son ermitage, et le sommèrent avec brutalité de leur livrer tout ce qu'il possédait. Saint Jacut protesta en vain qu'il n'avait en ce monde rien de ce qu'ils cherchaient ; les bandits le fouillèrent, ainsi que son ermitage, et furieux d'être trompés dans leurs espérances, ils se jetèrent sur lui et le tuèrent. Mais ils ne portèrent pas loin la peine de leur crime, car du chemin du Paradis qui, comme chacun sait, est semé de ronces, de pierres et d'épines, saint Jacut fit pleuvoir sur eux les plus gros cailloux qu'il put trouver et les écrasa tous.

Fouquet, *Légendes du Morbihan*, p. 63-66, dit qu'il a recueilli cette légende entre Ploermel et Josselin. Sous le maître-autel d'une pauvre chapelle dédiée à saint Maudé, ou la paroisse de la Croix-Helléan existait autrefois une fontaine dans laquelle les paysans de la contrée allaient plonger leurs enfants nouveaux-nés en répétant sept fois ces mots : « A la vie, à la mort ! » Toutes les voix du conseil, de la prière et du blâme ayant été impuissantes à détruire cet usage barbare, il a fallu pour y mettre fin, combler cette fontaine. D'après la légende locale, cette funeste immersion avait pour origine la légende ci-dessus, où saint Mandé et ses six frères avaient dû, à leur naissance, être jetés à l'eau par ordre de leur mère.

Il y a en Haute-Bretagne des chapelles dites des Sept Saints à Yffiniac, Erquy, etc., à Morieux une fontaine porte ce nom. Elles ne se rapportent pas aux saints indiqués dans la légende ci-dessus ; il est plus probable qu'elles se trouvaient sur une des routes du *Tro-Breiz* ou tour de Bretagne, pèlerinage aux sept sanctuaires des fondateurs des évêchés bretons : Paul, Tugdual, Brieuc, Malo, Samson, Patern et Corentin. (Cf. *Revue archéologique du Finistère*, t. XXIII, articles de M. le président Trévédy).

De ces sept saints les deux plus connus sont saint Jacut, dont nous avons rapporté une légende, p. 24, et saint Maudez, abbé, vi⁰ siècle (18 novembre), qui est invoqué contre les enflures (v. p. 70 et 72).

Saint Perreux, moine, vi⁰ siècle, est le patron de Châteaulin, de Saint-Perreux, de Trébédan, de Trégon ; saint Gongard, saint Gravé, saint Gorgon et saint Dolay sont moins connus. A l'exception de saint-Maudé, tous ces saints ont donné le nom à des paroisses peu éloignées les unes des autres et qui sont vers la lisière du Morbihan et de la Loire-Inférieure : Saint-Congard est la plus au nord ; Saint-Dolay, la dernière au sud, était la seule qui ne fit pas partie de l'ancien évêché de Vannes. Ici la légende a procédé comme sur le littoral de la Manche, où elle a fait des frères de huit patrons d'églises — probablement aussi sept à l'origine — toutes situées au bord de la mer.

JOLLIVET, *Les Côtes-du-Nord*, t. II, p. 73, parle aussi, sans citer sa source, de trois sœurs et de sept frères qui débarquèrent à l'embouchure de la Rance ; ceux-ci se nommaient Gabrien (Gobrien ?), Helen, Petran, Germain, Veran, Abran et Tressaint. Au pays de Dinan on trouve les paroisses de Saint-Helen, de Saint-Germain-de-la-Mer, de Tressaint, de Saint-Abraham au diocèse de Saint-Malo, et dans celui de Saint-Brieuc celle de saint Vran (patron de cette paroisse et de Trévérec) et la chapelle de saint Gobrien, au diocèse de Vannes.

LV

Saint Mauron

SAINT Mauron était pâtour dans une ferme, et il se faisait remarquer par sa piété et son zèle à se rendre aux offices.

Un dimanche matin, il désirait assister à la première messe ; mais son maître lui commanda d'aller mener paître les vaches et les moutons dans une lande qui n'était pas entourée de clôture.

— J'irai bien tout de même à la messe, dit saint Mauron.

Il se rendit au pâturage avec ses bêtes, et quand il y fut arrivé, il demanda à Dieu qu'un talus s'élevât partout où passerait la bêche qu'il avait apportée, et qu'il se mit à traîner derrière lui, en suivant le contour du champ qui appartenait à son maître. A mesure que son outil touchait la terre, un talus bien fait et bien garni de plantes épineuses s'élevait derrière lui, et en peu d'instants, le champ qui contenait douze jours de terre se trouva entouré d'une haie. C'est le lieu qu'on appelle encore aujourd'hui le Bras de saint Mauron, et qui est situé dans la commune de Livré.

Saint Mauron arriva à la messe en même temps que les gens de la maison, qui furent bien surpris de le voir. Il leur dit que le troupeau était en sûreté, puisque l'endroit où il pâturait était entouré de haies, et, après la messe, son maître alla par ses yeux s'assurer de la vérité de ce que disait l'enfant.

Au temps de la moisson, on avait battu le grain le samedi, et, quand vint le dimanche, on laissa à saint Mauron le soin d'empêcher, pendant la messe basse, les oiseaux de venir le manger. Le jeune pâtour dit qu'il irait aussi lui à la messe, et il pria Dieu d'empêcher les oiseaux de toucher à son grain. A peine avait-il achevé sa prière, que tous les oiseaux du pays se précipitèrent dans la grange dont la porte était restée ouverte, et qu'il n'en vit plus un seul aux environs. Il se hâta de fermer la porte sur eux et de courir à la messe. Les gars de la ferme étaient bien surpris de le voir ; mais il leur raconta ce qui lui était arrivé, et, quand ils furent de retour, ils ouvrirent la grange, d'où les oiseaux s'échappèrent en si grand nombre qu'ils faillirent renverser ceux qui se tenaient derrière la porte.

Saint Mauron fit encore de nombreux miracles, et quand il mourut, il y a plusieurs centaines d'années, on lui éleva, sur la paroisse de Livré, la chapelle qui a depuis été convertie en grange.

Un jour que le fermier avait battu son grain, il le mit dans l'ancienne chapelle, où se voyaient les restes d'un autel surmonté de la statue du saint.

Comme il ne fermait pas la porte à clé, un des batteurs lui demanda s'il n'avait pas peur que quelque voleur vint lui dérober son grain.

— Saint Mauron le gardera, répondit-il.

La nuit venue, le batteur entra sans être vu dans la chapelle, où il remplit de blé un sac qu'il avait apporté. Pour le charger plus aisément sur ses épaules, il le monta sur l'autel, mais quand il présenta le dos au sac, il ne put ni le remuer, ni sortir, et il resta jusqu'au matin dans cette position, où le fermier le trouva en entrant.

— Ne t'avais-je pas bien dit que saint Mauron garderait mon grain? dit le fermier ; maintenant je le prie de te laisser aller.

Et l'homme put sortir de la chapelle, bien penaud de son aventure.

(Paul Sébillot. *Contes populaires de la Haute-Bretagne*, 1re série, n. LIV).

L'épisode des objets qui se collent sur le voleur se retrouve dans la *Vie de saint Convoyon*, où un voleur ne peut détacher de lui une ruche qu'il a dérobée aux religieux. Le miracle des oiseaux qui se rassemblent à la parole d'un saint, relaté dans les légendes suivantes, figure dans la *Vie de saint Pol de Léon ;* mais ils ne sont pas enfermés dans une grange. (ALBERT LE GRAND, § 83).

Il y a en Livré un village appelé Saint-Modéran ; à Chevaigné, canton de Saint-Aubin d'Aubigné, existe une fontaine sous l'invocation de saint Morand, les paysans prononcent saint Marôn, dont les eaux guérissent de la fièvre ceux qui s'y rendent à jeun et sans parler. (SÉBILLOT. *Trad.*, t. I, p. 67).

Saint Mauron est peut-être le même que saint Modéran, évêque de Rennes, VIIIe siècle (22 octobre), patron d'un ancien prieuré à Rennes, qui était situé contre la tour Saint-Moran, entre les portes Mordelaises et Saint-Michel, et qui s'appelait aussi Saint-Moran.

LVI

Les saints et les corbeaux

Lorsque saint Lambert était jeune, il voulut un jour accompagner ses parents qui allaient aux noces. Mais ceux-ci n'y consentirent pas, et le chargèrent de garder leur froment que les corneilles auraient pu manger. Saint Lambert fit un miracle, et toutes les corneilles des alentours vinrent dans la grange, dont il ferma la porte.

Il alla aux noces sans en prévenir personne. Ses parents l'ayant reconnu au milieu de la foule, lui demandèrent pourquoi il n'était pas resté à garder le froment :

— Je n'ai pas besoin de le garder, répondit-il ; toutes les corneilles sont dans la grange.

Les paysans des alentours de la chapelle Saint-Lambert, commune de Saint-Vran, assurent que les corneilles ne causent aucun dégât sur le territoire de la commune.

(*Recueilli à Penguilly vers 1880*).

La chapelle de saint Lambert existe encore à Saint-Vran, on y dit la messe une fois par an, lors de la fête du saint ;

aux environs de Moncontour, ce saint est invoqué pour la santé des cochons.

Un jour, saint Maurice étudiait en plein champ. On était en automne et les cris des corbeaux importunaient le jeune clerc. Il s'interrompt, leur parle, les appelle, les réunit, leur ordonne de le suivre et les conduit à la grange de son père. Il ferme la grange, se remet à l'étude, et ne délivre les corbeaux qu'après avoir fini sa tâche du jour. Le narrateur ajoutera : c'est pour cela qu'il n'y a plus de corbeaux autour du village de Saint-Maurice, dans les champs que cultivaient ses parents.

(R. Ouëix, *Bretagne et Bretons*, p. 60).

Saint Maurice, abbé de Carnoët, XIIe siècle (5 octobre), invoqué pour la guérison de la fièvre, est le deuxième patron de Loudéac, et il a des chapelles à Clohars-Carnoët et à Plédran.

On raconte à Pleurtuit que dans sa jeunesse saint Guillaume allait aux champs travailler avec son père ; lorsqu'il voyait les corbeaux manger le grain qu'on venait de semer, il priait le Seigneur et commandait en son nom à ces bêtes rapaces de se retirer, ce qu'elles faisaient aussitôt.

(Guillotin de Corson, *Semaine religieuse de Rennes*, 6 mai 1871).

LVII

Pourquoi les veuves de Landebia ne se remarient pas

Il y avait une fois à Landebia une jeune veuve qui avait un petit garçon d'une dizaine d'années. Elle était recherchée en mariage par un jeune homme qui souvent venait lui faire la cour. Son enfant lui faisait des reproches et lui disait :

— Si tu te maries à cet homme-là, jamais je ne l'appellerai mon père et quand je serai grand, je te quitterai.

Mais la veuve continuait à recevoir les visites de son galant : un jour qu'elle savait qu'il devait venir, elle envoya son enfant dans un champ qu'elle possédait à quelques centaines de mètres de chez elle, et elle lui dit qu'il fallait empêcher les corbeaux de manger le blé qui s'y trouvait.

Il y avait à peu près une demi-heure que le petit garçon y était, lorsqu'un homme se présenta tout à coup devant lui, sans qu'il l'entendît venir, parce qu'il était occupé à surveiller les corbeaux ; aussi eut-il bien peur en l'apercevant.

L'homme lui dit d'un air doux :

— Que fais-tu là, mon petit gars ?

— Je suis à garder mon blé pour que les corbeaux ne viennent pas le manger.

— Tu es surpris de ma présence, dit l'homme ; mais ne crains rien ; je suis un saint et Dieu m'envoie pour empêcher les corbeaux de faire aucun dégât sur le territoire de Landebia ; je vais garder ton blé, et les corbeaux ne pourront lui nuire. Toi, va-t'en bien vite pour préserver ta mère de celui qui veut te l'enlever ; car si elle se remariait, tu y perdrais plus que si les corbeaux mangeaient tout ton blé. Si tu arrives à la maison avant que le galant de ta mère soit parti, tu peux être sûr qu'il ne se mariera pas avec elle.

Après avoir dit cela, le saint disparut. L'enfant courut à la maison, et y trouva sa mère en compagnie de son bon ami. Elle n'était pas contente de le voir rentrer, et elle lui dit :

— Tu reviens de bien bonne heure, je croyais t'avoir envoyé garder notre blé !

— J'y suis allé aussi, répondit l'enfant ; j'ai vu dans notre champ un homme qui m'a dit être un saint envoyé par Dieu pour empêcher les corbeaux de ravager la récolte sur notre paroisse ; il m'a promis de veiller à notre blé, et que les corbeaux ne lui feraient aucun mal. Il m'a dit aussi de revenir à la maison pour te garder de celui qui voudrait te ravir à mon affection.

A ces mots, la veuve fit la grimace, et son futur se contenta de hausser les épaules, puis il s'en alla en promettant de revenir le lendemain. Mais il mourut dans la nuit ; la veuve le pleura, mais elle ne chercha pas à se remarier et elle resta avec son enfant.

Son exemple a été suivi par les autres veuves de cette paroisse qui, à ce qu'on assure, ne se remarient jamais. Les corbeaux quittèrent depuis lors Landebia, et si par hasard, il en passe quelques-uns, on ne les voit jamais endommager la récolte ; c'est depuis ce temps qu'on dit en proverbe :

> A Landebia jamais
> Veuve ne s'est remariée,
> Ni corbeau n'a gratté.

Ou bien :

> Jamais corbeau ne grattera,
> Ni veuve se remariera
> Dans la commune de Landebia.

(*Recueilli en 1893, par M. F. Marquer*).

M. l'abbé Fouéré-Macé, recteur de Léhon, ancien vicaire à Saint-Pôtan, paroisse voisine de Landebia, me communique la note suivante : la tradition rapporte qu'un jour saint Guillaume, qui est devenu évêque de Saint-Brieuc, arrivant à Landebia, rencontra dans son chemin le petit enfant d'une veuve, qui avait les larmes aux yeux ; le saint lui demanda le sujet de son chagrin ; l'enfant répondit dans son naïf langage : « Maman veut se remarier ; elle est à dire des contes à son amoureux. Pendant ce temps, elle m'envoie garder les corneilles qui défont notre blé nouvellement ensemencé. » Saint Guillaume lui dit : « Mon enfant, ne pleure pas, va trouver ta mère ; moi, je vais garder pour toi. Elle va t'embrasser tendrement dès qu'elle va te voir et congédier son galant ; car jamais veuve de Landebia ne s'y remariera, mais aussi jamais dans le champ de blé, corneille dégât ne fera. »

Cette prédiction de saint Guillaume s'est réalisée : depuis un temps immémorial aucune veuve ne s'est remariée ; les plus vieux registres, lus attentivement pour vérifier ce fait, en font foi. On remarque aussi que les corneilles ne ravagent jamais les blés récemment confiés à la terre.

Dans mes *Traditions et superstitions de la Haute-Bretagne*, t. II, p. 168, j'avais parlé de la croyance d'après laquelle les corbeaux ne ravagent pas les récoltes de Landebia ; suivant le fragment de légende qui l'accompagnait, c'était à la veuve qui voulait se remarier qu'il était arrivé malheur.

LVIII

Le fossé de saint Aaron

Une demi-enceinte, formée par un talus angulaire, sur la lande de Bruc, est appelée fossé de saint Aaron. Quel était ce saint, dont la légende raconte les premières années ? Petit enfant, il faisait paître ses brebis en ce lieu, et c'était pour les protéger contre le loup qu'il avait tracé merveilleusement cette sorte d'enceinte au milieu des bruyères.

Naguère on allait fréquemment en pèlerinage aux pieds de la statue de saint Aaron placée dans la chapelle du très vieux manoir de Noyal en Sixt. Aujourd'hui cette chapelle tombe en ruines et l'on n'y voit plus la statue du saint, mais sa mémoire est toujours vénérée dans la paroisse de Bruc.

(Guillotin de Corson. *Statistique de l'arrondissement de Redon et récits historiques, légendes de la Haute-Bretagne*, p. 200).

M. Guillotin de Corson ajoute : nous ne connaissons en Bretagne qu'un saint Aaron ; c'est le pieux solitaire que saint Malo rencontra sur le bord de la mer en débarquant dans notre pays ; d'après les Bollandistes, ce saint était armoricain ; pourquoi Bruc ne serait-il pas le lieu de naissance, inconnu des savants, de ce bienheureux ?

Il y a dans les Côtes-du-Nord une commune qui s'appelle Saint-Aaron ; on y croyait autrefois que si on donnait à un enfant le nom du patron de la paroisse, il ne vivrait pas. Il y a des chapelles dédiées à ce saint à Pleumeur-Gautier et à Saint-Malo.

LVIX

Saint Jugon

Un enfant était né au village de Haudiard en La Gacilly. C'était le fils d'une pauvre veuve. Sa mère était tout pour lui après Dieu. A l'âge où l'on envoie les enfants garder les troupeaux, le petit Jugon cultivait déjà son jardin et son champ avec un tel succès, qu'il en tirait un produit plus grand que ne faisaient ses voisins d'un terrain quatre fois plus étendu. Quand il avait labouré, Jugon allait sur les landes de Sigré et de Mabio garder et faire paître son pauvre troupeau, quelques chétifs moutons et une bonne vache nourricière, la compagne de son enfance ; aussi aimait-il sa bonne brune, et sa brune l'aimait-elle à son tour.

Cependant le petit berger se mit à penser qu'il serait plus utile à sa mère, labourerait mieux son jardin et deviendrait plus agréable au seigneur s'il pouvait s'instruire. Pendant que sa vache et ses moutons paissaient, il courait à deux lieues de là, près du recteur de Saint-Martin. Un jour qu'il était allé recevoir les leçons de son maître, après avoir recommandé aux autres pâtres de veiller sur son troupeau, le loup survint, et voyant les enfants très occupés de leurs jeux, tua la vache du petit Jugon. Il se préparait à la déchirer, quand sa mère survint et jeta les hauts cris, en appelant son fils.

Celui-ci, qui étudiait dans le jardin du recteur, lui dit tout à coup :

— On m'appelle, messire !

— Que dis-tu, Jugon ! comment sais-tu cela ?

— Placez votre pied sur le mien, répliqua l'enfant : vous allez entendre comme moi.

Le recteur fit ce que désirait l'enfant, et aussitôt il entendit une voix désolée qui appelait, et cette voix était celle de la mère de Jugon. Alors le prêtre, touché d'un tel prodige, serra affectueusement l'enfant dans ses bras et lui dit :

— Va, mon ami, retrouver ta mère : tu en sais plus que moi : tu as la grâce de Dieu.

Jugon partit à l'instant ; arrivé sur la lande où il avait laissé son troupeau, il s'approcha de sa vache morte, traça de sa houlette blanche un cercle à l'entour, et invoqua le Seigneur ; puis il toucha de sa baguette la vache, qui se leva soudain, se mit à bondir joyeusement et à paître, comme si elle n'avait jamais eu affaire au loup.

Un autre jour, au bas des champs de la Ville-Orion, le saint enfant rencontra une troupe de jeunes filles qui sanglotaient et jetaient des cris de désespoir.

— Qu'avez-vous à vous affliger ainsi ? demanda-t-il.

— Notre amie, la pauvre Annette se meurt, répondirent-elles. Nous venons de faire une neuvaine à saint Jacques pour sa guérison et la fièvre a redoublé de violence ; sa vie ne tient plus qu'à un fil.

— Les pleurs ne remédient à rien, dit Jugon ; il faut toujours espérer en Dieu jusqu'à la fin, et ne pas se rebuter, parce qu'on n'est pas exaucé à la première prière. Récitons ensemble cinq fois le *Pater* et l'*Ave*, et invoquons la patronne de la malade, la bienheureuse sainte Anne ». Les enfants s'agenouillèrent sur le gazon au pied de la croix de pierre du pâtis et prièrent avec ferveur. Ils se rendirent ensuite auprès de la malade, qui après une crise heureuse, venait de recouvrer connaissance. Bientôt elle se rétablit tout à fait, et la renommée du saint enfant s'accrut dans le pays.

A quelque temps de là, Jugon, à peine âgé de seize ans, tomba malade, et voyant ses parents et amis réunis autour de son chevet, il leur dit que sa fin était proche ; qu'il les priait de faire conduire son corps à la sépulture par les bœufs blancs de son oncle, et de l'enterrer là où ils s'arrêteraient d'eux-mêmes.

Jugon mourut bientôt, et il fut fait comme il avait dit. Une chapelle s'éleva sur sa tombe, le laboureur y vint prier pour ses récoltes et ses troupeaux. On alla en procession baigner dans la fontaine voisine le pied de la croix pour implorer

la pluie par les grandes sécheresses, et les malades vinrent demander au nouveau saint la fin de leurs souffrances, en passant avec foi au-dessus de la pierre du tombeau, élevée de quelques pieds au-dessus du sol.

(E. D. V. (E. Ducrest de Villeneuve). *Le château et la commune*, p. 143).

Le récit de Ducrest de Villeneuve, publié en 1812, que j'ai un peu abrégé parfois, n'a pas une forme populaire; mais il est probable qu'il l'a recueilli à La Gacilly, dans la première moitié de ce siècle. Dans ses *Légendes du Morbihan*, p. 42-45, le Dr Fouquet a donné une autre version dont voici l'analyse, et où se retrouvent à peu près les mêmes épisodes.

Saint Jugon était le fils d'une pauvre veuve, et dès son enfance, il se montra très pieux. Un jour il vit des pâtouresses qui se désolaient en pensant qu'une de leurs compagnes allait mourir. Saint Jugon leur dit de prier, et la jeune fille guérit.

Il cultiva son jardin, et se mit à étudier. Il allait deux heures par jour prendre les leçons du recteur de Saint-Martin; avant de quitter son troupeau il traçait autour un cercle avec une branche de houx; le troupeau n'en sortait pas et le loup ne pouvait le franchir. Un jour il l'oublia : le loup tua la vache, et la mère de Jugon se mit à pleurer. Celui-ci, qui était à Saint-Martin, entendit les plaintes de sa mère, et quand le recteur eut posé son pied sur celui de Jugon, il les entendit à son tour. Jugon se hâta de revenir; il toucha la vache de sa branche de houx, et la vache ressuscita.

Peu après, il dit à son oncle :

— C'est vous qui me tuerez, et ce sont vos jeunes bœufs qui n'ont point encore subi le joug qui me porteront en terre, et vous désignerons le lieu où doit reposer mon corps.

La prédiction s'accomplit : pendant que son oncle bêchait, l'enfant s'étant approché de lui sans en être vu, la bêche levée le frappa à la tête et il tomba mort ; on mit son corps sur une charrette traînée par les bœufs et on le conduisit au cimetière où il fut enterré. Le lendemain on trouva un bras qui sortait de terre. Les bœufs furent attelés et ils portèrent le cadavre à la lande où Jugon faisait paître son troupeau. C'est là que fut élevée sa chapelle.

M. Régis de l'Estourbeillon me communique une légende qu'il a recueillie au village de Saint-Jugon de la bouche d'un vieillard de 80 ans, Louis Bagot, qui y était né. On y retrouve les épisodes du cercle miraculeux, de la voix entendue au loin, de la vache ressuscitée ; le narrateur ajoute que saint Jugon mourut à l'âge de quinze ans, et que son corps, placé sur une charrette, fut traîné par deux taurins nés de la vache ressuscitée, et qu'il fut enterré à la place même où ils s'arrêtèrent, et où fut depuis élevée la chapelle de saint Jugon, jadis saint Jouhon des Boays.

La statue de saint Jugon (p. 167), a été faite par un menuisier qui se nommait Jérôme l'Hopital, et vivait vers 1770. Son saint Jugon, à qui il a donné le costume traditionnel des paysans, est un gentil petit garçon que les Carentoriens aimaient beaucoup et qu'ils revoient toujours avec le plus grand plaisir. (Abbé Le Claire, *L'ancienne paroisse de Carentoir*, p. 34).

Saint Jugon, berger, dont la fête a lieu le 12 juin, est invoqué contre la fièvre et les maux de tête, il guérit les moutons de la clavelée. Il est patron de Carentoir ; à La

Gacilly il a une chapelle qui fut réparée en 1838 par souscription publique. Il s'y rend, le lundi de la Pentecôte, un grand concours de pèlerins ; trois fois par an on y bénit les semences, le 1er mars, le lin et le chanvre ; le blé noir, l'un des jour des Rogations, et le seigle, la première semaine de novembre. Les laboureurs s'y rendent avec de petits sacs de semences qui sont bénits à l'issue de la messe. Ces semences sont mêlées à celles qui doivent être confiées aux sillons. (*Le château et la commune*, p. 148).

M. l'abbé Le Claire, curé de Carentoir, donne dans la monographie de cette ancienne paroisse quelques détails intéressants sur le culte de ce saint très populaire dans le pays. Il avait à Carentoir, une chapellenie et une frairie.

La chapelle de saint Jugon des Bois avait été, suivant la tradition, bâtie sur le tombeau du jeune saint, et pour en perpétuer la mémoire ; au XVIIe siècle « l'assemblée sainct Jugon » se tenait tous les ans à la chapelle dans l'octave du saint Sacrement et le lendemain, et le seigneur de La Roche Gestin avait droit de coutume sur les marchands qui y étalaient. Ce jour-là les reliques étaient exposées à la vénération des fidèles, et un prêtre en surplis et en étole promenait le vase qui les contenait sur les pèlerins prosternés. Le clergé de Carentoir allait de l'église paroissiale à la chapelle, portant en triomphe le chef du bienheureux, et après les prières, le doyen plaçait un instant sur chacun la tête vénérée. En 1793 cette relique fut brisée et foulée aux pieds, et l'on ajoute que celui qui l'enleva mourut subitement sur la chaussée de Saint-Nicolas de Redon. (Abbé Le Claire, l. c. p. 70).

LX

Légende de Rieux

Il existe une courte légende dont le récit a souvent charmé mon enfance et qui a rapport à la ville de Rieux.

Rieux, me disait ma mère, était autrefois une cité importante quand Redon n'était qu'un village; mais les habitants de la ville étaient durs et inhospitaliers, tandis que ceux du petit village étaient doux et compatissants.

Un jour saint Sauveur, sous la figure d'un enfant demi-nu, abandonné dans une nacelle, aborda sous les murs du château de Rieux, où plusieurs femmes lavaient du linge. L'enfant, d'une voix pleine de larmes, les supplia de le recueillir, ou de lui donner du pain pour apaiser sa faim, et quelques linges pour se couvrir.

Les laveuses, sans pitié, repoussèrent la nacelle que la marée montante porta jusqu'au village de Redon, où d'autres laveuses plus humaines accueillirent le petit suppliant, qu'elles nourrirent, réchauffèrent et vêtirent. Saint Sauveur, touché des soins et des bontés des Redonnais, leur prédit que chaque jour leur village s'enrichirait, tandis que Rieux s'appauvrirait. « Vois, me disait ma mère, combien la noble seigneurie est déchue et combien le pauvre village a grandi et prospéré. Aussi les habitants de Redon, reconnaissants envers saint Sauveur, ont bâti une bien belle église, qu'ils lui ont dédiée ».

(CAYOT-DELANDRE. *Le Morbihan*, p. 276.)

Cette version, est, croyons-nous, la première en date qui ait été écrite. Cayot-Delandre la tenait d'un de ses amis dont il reproduit la lettre, où elle est, dit-il, rapportée avec toute la naïve simplicité qu'on mettait à la lui raconter dans ses premières années. Dans ce récit, qui se rattache à fondation de Saint-Sauveur de Redon, l'enfant est un saint, ou plutôt un des qualificatifs de Jésus-Christ, dont on a fait une entité. Dans la légende racontée sous une forme littéraire dans le *Conteur breton*, 2º année, p. 213, c'est Jésus-Christ lui-même, qui après avoir prédit l'appauvrissement de Rieux et la prospérité de Redon, disparaît.

Voici en résumé le récit de Fouquet : *Légendes du Morbihan*, p. 19-20.

Des lavandières de Rieux, qui était alors une grande ville, refusent tout secours à un enfant qui était dans une barque qui venait de s'échouer ; la marée la reporte à Redon où des laveuses compatissantes le soignent. L'enfant grandit, c'est Jésus-Christ qui dit : « Rieux s'appauvrira tous les jours d'un sou, et chaque jour Redon s'enrichira d'un sou. »

D'après les *Notes sur la châtellenie de la Touche en Frégéac*, imprimées à Cherbourg en 1861, le bateau resta suspendu sous l'orgue de Saint Sauveur jusqu'à l'incendie de 1787.

On raconte encore une autre légende :

De Redon à son embouchure, la Vilaine se couvre à certains moments et surtout à la suite des tempêtes, d'un large ruban d'écume qui occupe tout le milieu de son lit et se dirige avec le flot vers l'amont de la rivière. Les habitants de Rieux voient ce phénomène avec une sorte de terreur, car ce ruban d'écume est, disent-ils, le chemin de saint Jacques. Ce grand saint remontait la Vilaine en marchant sur les eaux ; il était fatigué et voulait s'arrêter à Rieux qui était une grande ville ; mais cette ville était pleine de huguenots, et ces mécréants ne permirent point à saint Jacques de se reposer sur ce bord inhospitalier. Le saint, irrité, s'écria d'un ton prophétique : « O ville de Rieux ! tu seras détruite ! » et, continuant sa route, il alla fonder la ville de Redon.

Ce fut, ajoute-t-on, pour apaiser saint Jacques et détourner le mauvais présage qu'on lui éleva la petite chapelle qui porte son nom.

(CAYOT-DELANDRE, l. c. p. 276).

LXI

Saint Guillaume et le Chemin-Chaussée

Guillaume Pinchon venait voir des parents qu'il avait dans les environs du Chemin-Chaussée. Il faisait chaud, et, se trouvant altéré, il entra dans un cabaret pour s'y rafraîchir, après quoi il donna sa bénédiction à l'hôte, et se disposa à sortir. « De l'argent, lui dit cet homme intraitable ; je veux de l'argent. » Guillaume n'en ayant pas, on saisit son bréviaire.

Le saint continua sa route et alla coucher à l'Hôtellerie de l'Abraham, où l'on eut pour lui toutes sortes d'égard. On les poussa au point de lui remettre, avant son départ, le bréviaire qu'on avait été dégager et prendre au Chemin-Chaussée. Avant de sortir de l'Abraham, Guillaume proféra ces paroles, dont on y garde le souvenir :

« Quiconque habitera l'Abraham y vivra à l'aise, pourvu qu'il soit sobre et laborieux. Quant au Chemin-Chaussée, jamais il ne prendra d'accroissement, et à mesure qu'on y bâtira une maison, il en tombera une autre. » Cette prédiction, disent les habitants, s'est réalisée jusqu'à ce jour.

(HABASQUE, *Notions historiques*, t. II, p. 91).

Cette légende qui fut racontée à Habasque par les habitants du village, ne diffère pas beaucoup du récit d'Albert Le Grand :

Il fut surpris de la nuict à son retour de Pleurtuis, près d'un bourg nommé le Chemin-Chaussée, de sorte qu'il fut contraint d'y loger. Le lendemain il se leva de bon matin et se disposa de se remettre en chemin, remerciant son hoste et priant Dieu de le récompenser. Cet hoste envers qui telle monnoie n'avoit point de cours, se mit en colere, le chassa de sa maison avec injures et paroles outrageuses, et pour un pauvre escot retint son breviaire. Le saint prelat, bien aise d'avoir receu cet affront, mais marri que son breviaire lui avoit esté osté avant d'avoir dit son service, s'en alla en une noblesse voysine, nommée l'Hostellerie Abraham, où il fut reçu à bras ouverts par le seigneur de la maison et sa femme, lesquels ayant entendu ce qui estoit arrivé au Chemin-Chaussée, envoyent degager son breviaire... Le saint ayant dit la messe et disné, s'en retourna à Saint-Brieuc et pria Dieu qu'il comblast de biens et de benedictions ses bons hôtes et leur posterité, et l'on a remarqué que les possesseurs de cette terre ont eu abondance de biens... En punition de cette ingratitude et inhospitalité, Dieu a voulu punir non seulement cet hoste ingrat, mais encore tout le bourg du Chemin-Chaussée, voulant que la mémoire demeurast à la posterité, veu que depuis ce temps-là toutes les maisons de ce bourg n'ont peu estre conservées en leur entier et sont toujours ruineuses : on a beau les bastir tout à neuf et les réparer, quand on les refait d'un costé, elles tombent de l'autre...

Saint Guillaume, évêque de Saint-Brieuc, xiiie siècle (29 juillet), est invoqué dans les calamités publiques. Il est le patron du diocèse de Saint-Brieuc, de Collinée, de Langolen.

Effigie tumulaire de saint Guillaume Pinchon,
dans la chapelle Saint-Guillaume à Saint-Brieuc
(d'après une gravure du *Vieux Saint-Brieuc*).

LXII

Les aboyeuses de Josselin

UN jour des lavandières étaient réunies à la source connue aujourd'hui sous le nom de Fontaine de la Vierge, pour y *essanger* une lessive et en sécher les pièces sur les buissons voisins, près desquels leurs chiens vigilants faisaient bonne garde, quand tout à coup une pauvre femme en haillons, maigre et souffreteuse, s'approcha d'elles la main tendue, sollicitant un faible secours, un petit morceau de pain. Mais les lavandières, loin de prendre en pitié sa misère, la traitèrent de voleuse, et poussèrent la brutalité jusqu'à lancer leurs chiens après elle. Alors, au lieu et place de la mendiante, se dresse, pleine d'une majesté céleste, la sainte Vierge, qui dit à ces méchantes femmes :

— Je vous ai suppliées et vous m'avez outragée ; je vous ai tendu la main et vous avez excité vos chiens après moi ; eh bien, soyez maudites, et que votre châtiment serve d'exemple et de leçon à tous les cœurs peureux qui méprisent et insultent les pauvres ! toutes les fois que vous et ceux qui descendront de vous, seront sur mes terres, au jour qui m'est spécialement consacré, vous aboierez comme des chiens, et vous vous tordrez dans des convulsions !

A ces mots la Vierge disparut, et, depuis lors, quand les descendants de ces lavandières, ignorants de leur origine, viennent assister le lundi de la Pentecôte aux offices et à la procession de Notre-Dame du Roncier, ils sont, aux abords de l'église, saisis d'affreuses convulsions, jettent des cris inarticulés et des aboiements qui ne cessent que lorsque, portés de force au tronc de Notre-Dame, ils ont touché de leurs lèvres écumantes les saintes reliques exposées à la vénération des fidèles.

(FOUQUET. *Légendes du Morbihan*, p. 58).

C. Jeannel a publié à Rennes, en 1855, un petit livre sur les *Aboyeuses de Josselin*, où il dit avoir vu lui-même des aboyeuses amenées de force à l'autel, et il décrit les scènes qui s'ensuivent. Il déclare croire à la bonne foi des malades.

LXIII

Les petites vengeances
de monsieur saint Yves

En la paroisse de Guémené-Penfaö, sur le bord de l'ancien grand chemin, qui conduit de ce bourg à Masserac, existe encore une vieille chapelle dédiée au bienheureux saint Yves, en grande vénération dans le pays. Saint Yves est un puissant protecteur et, se souvenant sans doute de son ancien métier d'avocat, il plaide volontiers en Paradis la cause de tous ceux qui l'invoquent avec piété et confiance ; mais, aussi digne que compatissant, il tient par contre à ce qu'on ne lui manque pas de respect. Telle est du moins l'opinion qu'ont de lui les habitants de Guémené-Penfaö, qui racontent à ce propos plusieurs légendes.

Il ne fait pas bon se moquer des saints. Il y a jà nombre d'années, un homme du village de Pussac, situé, comme chacun sait, tout proche de la chapelle Saint-Yves, et que ses nombreux tours avaient fait surnommer *le grand farçou* (le grand farceur) déblatérait sans cesse contre le saint patron de la frairie, au grand scandale de ses voisins, et ne manquait pas de dire souvent entre autres *museries* (plaisanteries) aux gens dévotieux que, si saint Yves avait besoin qu'on veille si souvent à sa chapelle pour l'amuser, il trouverait bien lui, quelque jour, un bon moyen de le distraire. Mais notre homme était un fanfaron et son essai ne lui réussit guère. A quelque temps de là, en effet, ayant pris un jeune geai en revenant un soir de la foire de Fougeray, il n'eut rien de plus pressé, passant devant la chapelle, que d'y jeter, malgré ses cris, le malheureux oiseau en criant bien fort : « Tiens, saint Yves, toi qui n'as rien à faire, amuse *te* (toi) donc *o* (avec) cela ! » Mais à peine le *grand farçou* avait-il prononcé son blasphème, que ses jambes refusèrent de le mener plus loin et que, saisi d'une fièvre ardente, il dut se faire porter chez lui par ses compagnons de route. Il ne fut guéri qu'en promettant réparation à saint Yves, et lorsqu'il lui porta en pèlerinage un oiseau de cire, qu'on vit encore longtemps depuis dans sa chapelle.

Au village de la Landezais, tout proche la chapelle de monsieur saint Yves, était une jeune *chambrière* (servante), la plus *accorte* (dégourdie) de tous les environs. Raffolant de la toilette et ne songeant qu'à paraître la plus belle aux assemblées d'alentour, sa maîtresse lui avait souvent dit qu'elle vendrait son âme pour un bout de ruban. A coup sûr, elle ne pensait point dire si vrai, car cela arriva comme elle l'avait prédit. Un soir de *filerie* (assemblée des gens d'un village réunis pour filer le lin à la veillée d'hiver), un de ses prétendus lui ayant demandé si elle était peureuse, elle ne craignit pas de dire qu'assurément elle n'avait peur de rien et que si on voulait lui donner une *davantière* (un tablier) de soie pour la prochaine assemblée, elle promettait d'aller dès le soir, au coup de minuit, chercher toute seule, la statue de saint Yves dans sa chapelle, distante d'un kilomètre environ, pour la rapporter au village de la Landezais. Plusieurs jeunes gens tinrent la gageure et lui promirent la davantière demandée, si elle voulait exécuter sa promesse. Hélas ! mal en prit à notre chambrière ; elle partit au coup de minuit, comme elle s'y était engagée, mais elle ne revint pas ; le diable l'avait emportée et son *bourgeois* (son maître), la cherchant le lendemain, ne trouva dans le chemin de la chapelle que sa chevelure pendue à un arbre et la statue du saint qu'elle avait volée, entre ses deux sabots.

(Comte Régis de l'Estourbeillon. *Revue des Traditions populaires*, t. IV, p. 340).

LXIV

Pourquoi les couturiers sont généralement boiteux

Un jour que monsieur saint Yves revenait de Paris en Basse-Bretagne, il se perdit sur le *tard* (le soir) dans les grandes landes de Montnoël entre Guémené et Masserac. Le saint était fort ennuyé, car les chemins étaient mauvais et sa monture avait perdu un fer. Mais ayant entendu chanter, il reprit bon espoir et aperçut bientôt un tailleur de la Cavelais qui revenait de sa journée. Notre saint l'aborda aussitôt et le pria de le remettre dans son chemin en lui indiquant le bourg le plus voisin, pour qu'il puisse faire referrer sa bête. Mais au lieu d'obliger saint Yves, notre tailleur qui n'avait guère de religion, se mit à le railler et lui dit que « puisque les moines allaient *deschaux*, sa bête pouvait bien faire de même, car il était juste que le valet manquât de souliers du moment que le maître n'en portait point. » Mais saint Yves trouva la plaisanterie mauvaise, et voulant punir aussitôt ce gouailleur, il lui déclara qu'à l'avenir, lui et tous ses confrères qui n'auraient pas plus de religion que lui, auraient comme son

Saint-Yves
Réduction d'une image populaire, gravée par Pienret, de Rennes.
(Collection Paul Sébillot)

cheval une jambe défectueuse. Et voilà pourquoi la plupart des tailleurs sont boiteux aujourd'hui.

(Comte Régis de l'Estourbeillon. *Revue des Traditions populaires*, t. IV, p. 350).

Saint Yves, prêtre official de Tréguier, xiie siècle, fêté le 19 mai, est le patron des gens de justice, de la ville et du diocèse de Tréguier, du Huelgoat, de la Motte, de la Poterie, de Louannec, du Minihy-Tréguier, de Plougonver, de Ploumiliau, de Plouray, de la Roche-Maurice, de Trédrez, etc. Il a de nombreuses chapelles, surtout en pays bretonnant ; dans le pays gallo, il en a à Quintin, à Caro, à Saint-Helen, etc. et il y est l'objet d'un culte assez répandu, surtout dans la partie centrale des Côtes-du-Nord.

LXV

Pourquoi les gars de Saint-Servant n'ont plus de fesses

C'EST à une punition céleste que les gars de Saint-Servant dans le canton de Josselin, doivent d'être privés de leurs *sietons*, racontent ceux de Campénéac et des paroisses voisines. Quand saint Gobrien, qui a sa chapelle dans la paroisse de Saint-Servant, quitta Vannes pour venir évangéliser le pays, les gens de Saint-Servant le virent arriver d'un mauvais œil, comme cela a lieu souvent pour tout *hors venu* qui se mêle de déranger les vieilles habitudes de chacun. Mais ce fut le comble, lorsque le saint manifesta son intention de bâtir une chapelle (qui lui fut consacrée depuis), dans l'un des plus frais vallons de la paroisse. Aussitôt, chacun de crier et répéter partout qu'en construisant un nouvel édifice, le pieux évêque voulait *réduire à rien* leur ancien bourg, dont les habitants, ne voyant plus venir la même quantité de monde à l'office de leur église, seraient bientôt réduits à la mendicité. Ils résolurent donc de s'en venger, et un jour que le saint évêque était occupé à charroyer de la pierre pour la construction de sa chapelle, ils profitèrent de ce que, accablé par la chaleur du jour, il avait mis quelques instants ses bœufs à se reposer à l'ombre et s'était endormi à côté d'eux, pour lui jouer un mauvais tour. S'approchant en sourdine des pauvres animaux, avec leurs faulx à la main, ils tranchèrent d'un seul coup les fesses des bœufs de saint Gobrien. Mais le saint fut réveillé aussitôt par les mugissements de son attelage, et, indigné de la méchanceté d'un peuple auquel il ne voulait que du bien, il montra aux coupables l'iniquité de leur action et leur prédit que la Providence à sa prière priverait à l'avenir tous les descendants des paroissiens de Saint-Servant de la partie du corps qu'ils avaient voulu retrancher à ses bœufs. Saint Gobrien remit alors en place *le fessier* à ses animaux, mais depuis ce temps, tous les Servantais durent se passer du leur.

Statue de saint Gobrien à l'intérieur de la chapelle à Saint-Servan ; elle forme le couronnement d'un contrefort.

(*Raconté en février 1894 par un paysan de Campénéac, et recueilli par le marquis Régis de l'Estourbeillon*, « Revue des Traditions populaires », t. IX, p. 491).

Fouquet, *Légendes du Morbihan*, p. 67-68, raconte que saint Gobrien, chassé de Vannes, alla dans un pays écarté, mais que personne ne voulut l'aider à construire son ermitage ; il fabriqua une charrue, à laquelle il attela un bœuf; mais un jour que le saint était en prière, les paysans enlevèrent un morceau de chair à la cuisse du bœuf. Le saint demanda vengeance, et les habitants de ce lieu, eurent, comme le bœuf, une plaie au même endroit et, si l'on en croit la légende, leurs descendants ont un côté moins formé que l'autre.

Cayot-Delandre dit que dans une petite chapelle, au village de Saint-Gobrien se trouve le tombeau du saint; une ancienne fresque peinte sur le mur et maladroitement retouchée et rajeunie représente un chariot rempli de malades auxquels le saint donne sa bénédiction. Ces malades seraient les Vannetais qui, après avoir chassé leur pasteur, furent accablés de maux et vinrent lui demander pardon et guérison.

Saint Gobrien, évêque de Vannes, viie siècle, que le calendrier breton place le 3, 11 ou 16 novembre est le patron de Morieux et de Rohan ; il a des chapelles à Camors, Mordelles, Saint-Servant, etc.

LXVI

La malédiction de saint Guyomard

Lorsque les gens de Sérent voulurent choisir saint Guyomard pour leur patron, il n'obtint pas, tant s'en faut, l'unanimité des suffrages, et les habitants du village de Botqueret entre autres s'opposèrent énergiquement au choix qu'on en voulait faire et dirent de lui pis que pendre. Aussi, après son élection, le saint se vengea en lançant sur eux cette malédiction :

> Tant que Botqueret sera
> Borgne ou boiteux y aura.

(Fouquet. *Légendes du Morbihan*, p. 50.)

Saint-Guyomard est le nom d'une paroisse du Morbihan, formée d'une trêve de Sérent.

LXVII

Saint Quay et les femmes curieuses

Saint Quai avait été faire son tour du monde du côté de Jérusalem, si bien qu'en passant, au retour, du côté de Lanvollon, il avait des ampoules tout plein ses pauvres pieds ; le temps était chaud en diable, et quand le voyageur, qui était né natif de Plouha, arriva en vue de la mer, il avait une soif, une soif à vider un puits, s'il y en avait eu un par là.

Un peu plus loin, sur la côte, saint Quay aperçut un village et mit le cap dessus. Il y avait là sur le placis, huit ou dix femmes en train de baliverner, et le bonhomme leur demanda à boire. Faut vous dire que le vieux pèlerin avait une barbe rousse de trois pieds de long, et une figure jaune et maigre à faire peur ; pas bonne mine du tout. En sus, vu le jeûne et les ampoules, il donnait de la bande comme un particulier qu'aurait pris plus d'un quart de vin à la cambuse.

— Et que tu vas filer, vieux gabelou ! lui dit une commère qui tenait un balai vert à la main.

— Oh ! que j'ai soif ! fit saint Quay.

— Tiens, voilà la mer, dit une autre, tu peux aller boire à ton aise....

Alors le bonhomme se mit à genoux ; il enfonça son petit doigt, comme un *fiferlin*, dans le milieu d'une roche ; et aussitôt voilà qu'une belle source se mit à couler, et saint Quay de boire, de boire à sa soif, et puis les femmes de regarder la chose avec un tremblement de stupéfaction, que cela leur parut louche en diable, si bien se qu'elles mirent à crier toutes à la fois :

— C'est un sorcier, c'est un sorcier ! à l'eau, le renégat !

— Oui, à l'eau, le Bédouin ! mais faut le fouetter avant, et de la bonne façon.

Là-dessus, elles jetèrent le grappin sur le pauvre bonhomme échoué sur le sable comme un cancre, et, ma foi, elles le mirent sans dessus dessous et te lui flanquèrent une ration de filin, ou plutôt de genêt vert, que cela devait lui cuire après, naturellement parlant...

Quand les commères furent lassées de jouer du balai et de rire, voyant que le pauvre fatigué pouvait à peine virer sur sa quille, deux ou trois effrontées s'en allèrent prendre une vieille maie à pâte, on y plaça le bonhomme, et toutes les femmes se mirent à la manœuvre pour lancer à la mer ce navire d'un genre nouveau.

La falaise était très haute à cet endroit ; n'importe, la maie et son matelot tombèrent d'aplomb sur la mer.

— Que le diable te conduise ! dit une méchante harpie, en se penchant sur la falaise, pour voir si l'embarcation n'allait pas sombrer, et toutes les autres, tendant aussi le cou à gauche, se mirent à regarder.

Mais le petit canot filait tranquillement, avec bonne brise, et vent arrière, tandis que les commères regardaient toujours, le cou tendu comme une chaîne de cabestan.

A la fin pourtant, deux ou trois se retournèrent, éclatèrent de rire en considérant les autres.

— Voyez donc, voyez donc, mes amies, comme leur cou est devenu long !

— Oh ! voyez donc, voyez donc, ripostaient celles-ci, en riant à se tordre, comme leur tête est de travers : elles ont attrapé le torticolis, pour sûr.

Naturellement tout ce branle-bas de combat avait attiré toutes les commères du pays. Les curieuses tendaient un cou demesuré pour voir, et aussitôt tous les cous des bonnes femmes s'allongeaient, s'allongeaient et restaient virés à gauche...

Depuis cette fameuse aventure les femmes du

pays ont conservé le cou long et de travers. Si vous ne voulez pas le croire, allez-y voir. Et l'on dit en outre, que le genêt ne pousse plus dans la contrée, sans doute parce qu'il fut employé, contre le pauvre saint Quay, au mauvais usage que vous savez.

(Du Laurens de la Barre. *Nouveaux Fantômes bretons*, p. 37-46).

A partir de cet endroit, un conte de bord se greffe sur la légende : une chaloupe noire accoste le petit canot où est saint Quay, et un grand matelot, qui n'était autre que le diable, le prend avec une fourche et le hisse à bord ; il lui propose un pacte, saint Quay refuse de le signer, se met en oraison et la pluie tombe ; saint Quay la recueille dans son chapeau à trois cornes, la bénit et en asperge le diable et la chaloupe qui disparaît : saint Quay reste seul dans son petit risque-tout, et vient tranquillement aborder à la côte.

⁂

Bien que Du Laurens de la Barre eût l'habitude de prendre de grandes libertés à l'égard des récits populaires, j'ai donné place à celui-ci, parce qu'il réunit des éléments que l'on retrouve dans la tradition. Voici une autre légende que rapporte B. Jollivet, *Les Côtes-du-Nord*, t. I, p. 107.

La grève des Fontaines en Saint-Quay tire son nom de plusieurs sources d'eau douce qui jaillissent de la falaise. C'est là, d'après la légende, que débarqua saint Quay. Les habitants l'accueillirent très mal et voulurent le chasser à coups de genêt : aussi depuis cette époque, cette plante a cessé de croître dans la commune.

Un homme d'armes étant venu le sommer de la part du seigneur de la Ville-Mario, de s'éloigner, le saint répondit qu'il était prêt à obéir, à la condition qu'on lui rendît son bâton qu'il avait planté dans la falaise, à l'endroit d'où jaillit la première source. Mais le bâton, quelque effort qu'on fît, ne put être arraché. Saint Quay demeura donc et ses compagnons se répandirent aussitôt dans la contrée pour y prêcher la foi.

✤

Le Dr Paul Aubry me communique la note suivante qui se rattache à l'un des traits rapportés par Du Laurens.

Saint Quay était sur une des plages de la commune qui porte aujourd'hui son nom. Là il se trouvait en butte aux avanies des infidèles. Un groupe de femmes prenait grand plaisir à suivre les péripéties de ce drame, qui se passait tout à fait au pied de la falaise. Pour le voir, quoique sur le bord du précipice, elles étaient encore obligées d'allonger le cou. Ce que voyant saint Quay, qui, en cela tout au moins, semble n'avoir pas été d'une grande charité chrétienne, leur dit : « En punition de ce que vous faites aujourd'hui, votre cou restera toujours allongé, il en sera de même de vos filles. »

La *Vie des saints de Bretagne* ne contient aucun de ces deux épisodes ; elle fait saint Ké débarquer sur la côte du Léon, et elle ne mentionne aucunement le séjour du saint aux environs de Saint-Brieuc.

Saint Ké ou Quay, évêque et confesseur, (7, *alias* 5 novembre), v° siècle, est invoqué pour les bestiaux. Il est le patron primitif de Languenan, le patron de Plouguerneau, Saint-Ouen, Cleden, Perros et Saint-Quay-Portrieux. Il a de nombreuses chapelles.

LXVIII

Saint Melaine

On raconte à Avessac que saint Melaine aimait dès sa jeunesse à se rendre à l'école à Rennes, au grand désespoir de sa mère qui eût de beaucoup préféré en faire un laboureur qu'un grand savant. Souvent elle lui faisait des reproches de son peu d'attrait pour les travaux des champs et de sa négligence pour la culture de leur petit domaine. Or, un jour que notre saint avait encore quitté ses bestiaux pour aller à l'école à Rennes, malgré les défenses de sa mère, et la grande distance qui séparait cette ville de sa petite chaumière de Brain, il entendit tout à coup, au milieu de la classe, sa mère qui l'appelait : Melaine ! Melaine ! Il en prévint aussitôt son maître qui d'abord le prit pour fou et ne voulut pas le croire, disant qu'à une pareille distance il était impossible qu'il entendît la voix de ses parents. Mais le saint insista, et ayant fait mettre au professeur sa main droite dans la sienne, son pied gauche sur le sien, celui-ci entendit aussi la voix, et, convaincu alors de la vérité, laissa à l'enfant toute liberté de s'en aller.

Melaine, à son retour, trouva sa mère fort en colère, et celle-ci, non contente de l'injurier durement, sortit pour ramasser des genêts et en fouetta longtemps notre saint.

A partir de ce jour, saint Melaine quitta son pays, et sur sa demande, par la permission de Dieu, il n'y eut plus de genêts dans la paroisse. Ainsi prit naissance le dicton encore en vogue dans la contrée :

> D'empeï que sa mère le reprint,
> Genêt en Brain,
> Melaine à Brain,
> Jamais ne vint.

Il existe encore dans la commune d'Avessac une famille dont presque tous les membres ont sept et huit doigts à chaque main. La tradition locale prétend que cette difformité héréditaire n'est qu'une punition infligée par le ciel sur la demande de saint Melaine, un jour que celui avait vu la queue de son cheval arrachée par une personne de cette famille.

(Comte RÉGIS DE L'ESTOURBEILLON. *Légendes du pays d'Avessac*, p. 21).

Cette légende a été rapportée par Guillotin de Corson, *Récits historiques*, p. 19, sous une forme plus succinte et moins populaire ; mais lui aussi l'a recueillie oralement.

Ces épisodes de la vie de saint Melaine sont les seuls que la tradition populaire semble avoir retenus ; il est probable qu'elle ne connaît plus celui qui a inspiré l'image que nous reproduisons d'après l'*Histoire de Bretagne*, de M. A. de la Borderie, qui le rapporte ainsi, t. I, p. 532.

Saint Melaine mourut vers l'an 530 dans sa retraite chérie de Plaz (ou Placet), village en la paroisse de Brain près Redon, où il allait se reposer avec bonheur, des fatigues de son épiscopat. Le bruit de sa mort promptement répandu attira à Plaz les évêques des diocèses voisins, liés d'affection avec lui, Albinus d'Angers (saint Aubin), Lauto de Coutances (saint Lô), Victurius du Mans et une foule de prêtres, entre autres Marcus, disciple cher à saint Melaine.

« Après la veillée funèbre solennellement célébrée à Plaz par les évêques et le clergé, on déposa le lendemain matin le corps du pieux pontife dans une grande barque, où entrèrent les trois évêques et le prêtre Marcus. D'autres barques suivaient, chargées de peuple, chargées de prêtres, chargées des moines de Plaz chantant des psaumes et des litanies. Tout ce funèbre cortège remonta la Vilaine jusqu'à Rennes et vint prendre terre au sud de l'agglomération qui formait alors cette ville, vers le point aujourd'hui occupé par l'escalier du Cartage ou le bas de la rue de Rohan.

« Là était la muraille de l'enceinte gallo-romaine, avec sa base et ses neufs cordons de bri-

Saint Melaine et les prisonniers
dessin de BUSNEL

ques qui avaient valu à Rennes le nom de *Ville Rouge*. Là, contre cette muraille se dressait une tour ; dans cette tour douze voleurs attendant la mort se lamentaient. — Au bruit des chants et de la procession funèbre, informés que cette pompe solennelle se déploie autour du corps du bon évêque Melanius, ces malheureux lui adressent une ardente prière, sollicitant de sa miséricorde — en ce jour où il triomphait au ciel — leur délivrance. Tout à coup, un bruit sourd et fort comme un coup de tonnerre se fait entendre, le mur de la tour se frange du haut en bas, par cette brèche les voleurs sautent vivement, et ils vont grossir le cortège funèbre de leur libérateur. »

Saint Melaine, évêque de Rennes, vi° siecle (6 novembre), invoqué dans les calamités publiques, est le patron du diocèse de Rennes et des paroisses d'Andouillé, Brain, Châtillon-sur-Seiche, Cintré, Cornillé, Domalain, Lieuron, Moëlan, Moigné, Montoir, Morlaix, Mouazé, Pacé, Rieux, Saint-Melaine, Broons, Sion, Thorigné, Les Touches. On prononce à Rennes, saint M'laine et parfois saint Blaine.

En Basse-Bretagne, il a une chapelle à Plélauf, où quelques-uns prétendent qu'il est né. Saint Melaine avait d'autres chapelles : deux à Carentoir, et une à Maroué, où existait un prieuré.

Dans la commune de Pléchatel on découvre sur les bords d'un ruisseau les ruines de la chapelle de saint Melaine, curieuse par sa fontaine qui coule dans la muraille du chevet, au-dessous même de l'ancien autel. Les paysans de la contrée vont en pèlerinage à saint Melaine pour avoir de la pluie. Ils y portent comme offrande des pieds de cochon, et l'un des pèlerins asperge, avec l'eau de la fontaine, un morceau de bois, dernier débris du saint, en disant :

> Saint Melaine, mon bon saint Melaine,
> Arrose-nous comme je t'arrose.

(Ad. Orain. *Curiosités, etc. de l'Ille-et-Vilaine*, 1885, p. 5).

LXIX

Saint Marcoul

La tradition carentorienne qui s'est conservée jusqu'à nous affirme que saint Marcoul vint un jour frapper à la porte du château de la Ballue, situé sur la voie Ahès, pour demander à y loger pendant la nuit. Le seigneur de la Ballue ne voulut pas le recevoir, non plus que les nombreux habitants du village.

Alors le saint se retira, après avoir prédit aux villageois que la Ballue perdrait de son importance, et que son château s'engloutirait, ce qui est arrivé, au dire des habitants actuels de la Ballue.

De là, l'apôtre s'achemina vers un lieu où se trouvait une petite maison habitée par un pauvre couvreur. Il frappa à la porte et demanda l'hospitalité pour la nuit. Elle lui fut gracieusement offerte.

Dès le lendemain, il se mit à prêcher l'évangile à son hôte et le convertit sans peine ; il en fut de même des habitants des villages voisins.

Quand le saint missionnaire revenait de ses courses apostoliques, il avait coutume, dit-on, de se reposer sur une grosse pierre placée à l'endroit où nous voyons aujourd'hui la croix de saint Marcoul, à l'entrée du bourg.

Avant de quitter ces braves gens qui l'avaient si bien reçu, Marcoul les remercia et dit à son hôte que la bénédiction de Dieu serait sur lui et sur sa maison, et que celle-ci deviendrait le centre d'un grand village, qui s'appellerait le village du Couvreur. La prédiction du saint ne tarda pas à se réaliser : en quelques années la maison du couvreur devint le village, puis le bourg de Kerentouer.

(Abbé Le Claire. *L'ancienne paroisse de Carentoir*, 1895, p. 19-20).

A Carentoir le pré de Saint-Marcoul est près du village de la Touche Marcadé ; la croix et la fontaine de saint Marcoul se trouvaient à une petite distance de l'ancienne église. Il avait une statue, faite en 1771, qui en remplaçait une plus vieille.

Saint Marcoulff, abbé de Nanteuil (vi^e siècle), est le patron de Carentoir ; sa fête anciennement célébrée le 7 juillet l'est actuellement le 1er mai. Pour honorer leur patron, les chapelles tréviales avaient coutume d'offrir à l'église une certaine quantité de grain, avec lequel on faisait les tourteaux de saint Marcoul, qui étaient vendus à la porte de a chapelle.

LXX

Saint Suliac et les ânes

Saint Suliac avait établi un monastère, au lieu qui porte maintenant son nom; il y avait planté des vignes et semé du blé. La Rance n'était alors qu'un faible ruisseau, qu'on traversait sur deux mâchoires d'ânes, et en face de Garot se voyait la métairie de Rigourden, dont les ânes vinrent un jour brouter l'enclos des moines; ceux-ci au bout de quelque temps s'en aperçurent et les chassèrent.

L'abbé alla reprocher au fermier sa négligence; mais celui-ci ne les garda pas mieux, et un matin l'abbé les trouva broutant sa vigne, et les frappa de sa crosse en les maudissant.

Le propriétaire alla à la recherche de ses ânes, qu'il trouva immobiles, près de l'enclos des moines, la tête retournée sur le dos; saint Suliac les délivra de cette position incommode, et les ânes s'en allèrent, mais ils firent un tel bruit que le saint pour ne plus en être incommodé, élargit la

Rance et lui donna la largeur qu'elle a aujourd'hui.

On voyait naguère dans les caves du presbytère un tableau sculpté en relief, fort vieux d'après la grossièreté du travail, et représentant les ânes, la tête retournée sur le dos.

La tradition populaire ajoutait qu'une ligne tracée à l'entour du jardin et quatre petites houssines plantées aux quatre angles avaient suffi pour rendre immobiles, comme devant un mur de clôture, le ânes de Rigourden.

(Mme DE CERNY. *Saint-Suliac et ses Traditions* (abrégé), p. 13).

Dans la *Vie des saints de Bretagne*, éd. Kerdanet, la légende de saint Suliac est assez développée. Ce n'est qu'à partir du § 8 que l'on trouve des ressemblances entre elle et la légende ci-dessus :

« Ayant labouré une piece de terre, il y sema du bled, lequel crust fort beau ; mais le bestail qui d'ordinaire, passoit ès prochains marets se jeta une nuit dans ce champ qui n'estoit pas fermé et en gasta une partie ; le matin on vint en avertir saint Suliau ; il se mit en priere, et puis prit son baston, dont il traça une ligne à l'entour du champ, et aux quatre coins d'iceluy planta quatre petites houssines pour toute haye et fossé.... la nuit suivante, les mesmes animaux, sortant des marets et pasturages se voulurent jetter sur ledit champ ; mais si tost qu'ils toucherent cette ligne que le saint avoit tracee, ils devinrent tous immobiles, sans se mouvoir ni se remuer non plus que s'ils eussent esté de marbre ou de bronze ; le saint abbé s'en alla devers le champ, donna sa benediction à ces animaux, et leur deffendit desormais de venir ravager son blé : ce qu'ils observerent invariablement et se retirerent dans les marets. »

Dans la vie de saint Samson, des pourceaux ayant été paître malgré la défense dans les prairies appartenant aux religieux, sont changés en boucs hideux.
(ALBERT LE GRAND, § 21).

Saint Suliac (1ᵉʳ octobre), abbé, vıᵉ siècle, est le patron de la paroisse de ce nom dans l'Ille-et-Vilaine, de Sizun, de Tressigneaux ; il a une chapelle à Plomodiern. Dans l'église de Saint-Suliac il est, dit-on, enterré au bas de l'épître : au-dessus est un autel où sont exposés dans des reliquaires les ossements du saint ; on y fait des neuvaines pour les fièvres. Il préserve aussi les animaux des épizooties, et est invoqué pour la guérison des plaies.

Une pierre d'autel d'une chapelle qui, d'après la tradition avait été bâtie par saint Suliac lui-même, a été plusieurs fois vendue et déplacée, et est toujours revenue à la place que le saint lui avait assignée ; aujourd'hui qu'elle a disparu sans qu'on sache où elle est, le peuple assure que le patron l'a cachée et qu'on ne la retrouvera que lorsqu'une église sera réédifiée là où elle était jadis. (Mᵐᵉ DE CERNY, l. c. p. 6, 11).

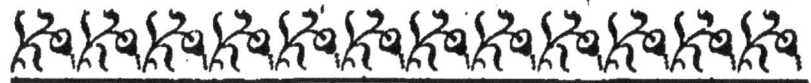

LXXI

La submersion d'Herbauge

Quand Herbauge la grande ville
Sur les eaux reparaîtra,
Nantes, Nantes la vieille sibylle
De ses bords disparaîtra.

AUTREFOIS il y avait à Grandlieu une ville qu'on appelait Herbauge, et qui se trouvait à la place où sont les eaux. Les gens de là étaient riches, riches, mais très mauvais ; ils menaient une vie de païens et adoraient une espèce de diable tout d'or.

Voilà que saint Martin voulut les sauver ; il vint dans la ville et ne trouva personne pour le loger, excepté Romain et sa femme. Il prêchait tous les jours, mais il avait beau dire et beau faire, ils continuaient tous à croire à la bête d'or.

Un soir que tout le monde était en fête, qu'on dansait et chantait dans les rues, voilà que le saint fut averti que le bon Dieu était lassé de tous ces païens et que, puisqu'ils ne voulaient pas se convertir, il allait les faire périr en noyant toute la ville. Bien vite saint Martin courut avertir Romain et sa femme, et leur dit qu'il avait permission de les emmener, mais à la condition qu'ils ne se retourneraient pas et qu'ils n'emporteraient que de quoi manger.

La femme de Romain venait justement de faire cuire une fournée ; elle mit trois tourteaux sur sa tête, et avec son homme, elle suivit le saint. Il faisait tout noir, noir comme terre, et ils ne voyaient pas à un' pas devant eux. Voilà qu'ils entendent un grand bruit, comme si toute la terre était en eau bouillante. La femme eut peur, elle se retourna, et tout aussitôt elle fut changée en pierre avec ses tourteaux. Romain ne l'entendant plus marcher, se retourna de même, et fut aussi lui changé en pierre. On les voit encore dans une prée au bord de l'eau à Saint-Martin. Tous les ans, la veille de Noël, ceux qui pêchent en barque entendent les cloches sonner sous l'eau.

(*Conté par Nannon La Racine, à la Haye Fouassière et recueilli par M. Pitre de l'Isle du Dreneuc*).

A six cents mètres de Saint-Martin, on voit deux pierres. D'après la tradition locale, lors de la submersion d'Herbauge, une femme pétrissait son pain ; elle se sauva en emportant dans une grêle ses « tourons », qui sont auprès de la grosse pierre et sont de moyenne dimension. Une autre pierre dans la même préc est le fils de la bonne femme, nommé Pierrot, qu'elle avait prié Dieu de lui laisser emmener ; mais s'étant détournée, elle fut changée en pierre, ainsi que le pauvre Pierrot.

(BIZEUL, *De Rezay et du pays de Rais*, p. 50).

Dans la *Vie des saints de Bretagne*, saint Martin va pour détourner de leur mauvaise vie les habitants d'Herbauge ; mais il les prêche en vain, et ne trouve bon accueil que chez une bonne femme et son mari. Dieu lui ayant révélé qu'il allait punir cette ville impie, il leur commande de sortir de la ville avec lui, et de se garder bien de regarder derrière soi. « Ils n'estoient guère loin que sainct Martin s'estant mis en oraison, il se fit un effroyable tremblement de terre, laquelle s'ouvrant, engloutit cette ville, avec ses tours, murs, chasteaux, faux-bourgs et autres appartenances qui en moins d'une heure fondirent en abyme, et en leur lieu se fit un grand lac qui s'appelle à présent le lac de Grandlieu. L'hostesse de saint Martin, oyant le fracas et le tintamarre que causoient la cheute des édifices, les cris et lamentations de ceux qui perissoient, se detourna pour regarder ce que c'estoit, sans se soucier de la deffense du saint ; mais elle en fut punie sur-le-champ, ayant été convertie en une statue de pierre. (Ed. Kerdanet, p. 647).

Saint Martin de Vertou, abbé, vɪᵉ siècle (27 octobre), est le patron du Bignon, de Gorges, de Lavau, de Mouzillon, du Pertre, de Pont-Saint-Martin, de Vertou.

LXXII

Le voleur puni

A LA chapelle de Notre-Dame de Bon Encontre, près Rohan, une fenêtre est murée ; voici ce que racontent à ce sujet les habitants du pays.

Une nuit, certain voleur s'imaginant trouver des richesses dans la chapelle, résolut de s'y introduire ; mais il avait compté sans la patronne du lieu. Lorsqu'il eut brisé le vitrail d'une des fenêtres, il fut bien surpris, une fois monté sur la muraille, de ne pouvoir plus bouger ; en vain essayait-il de descendre d'un côté ou d'un autre, impossible de remuer. Le malheureux n'a jamais pu descendre depuis lors, et vous le voyez pétrifié et blotti dans la maçonnerie qui remplace la verrière défoncée par lui ; il est à genoux et semble demander grâce.

Telle est la légende ; voici la réalité : au XVIII° siècle, on démolit un oratoire où se trouvait le tombeau d'un chevalier surmonté d'une statue tumulaire. La mode était alors de boucher les fenêtres avec du moellon, pour éviter l'entretien des vitraux ; on employa ce pauvre chevalier à fermer en partie l'une des baies, et voilà, comme quoi il figure aujourd'hui dans la muraille qui remplit la fenêtre. Intérieurement un badigeon recouvre cette profanation ; mais du dehors on distingue si bien dans la maçonnerie le personnage agenouillé, que le peuple a inventé le récit qui précède.

(GUILLOTIN DE CORSON. *Journal de Rennes*, 13 décembre 89).

LXXIII

Saint Eustache

Il y avait une fois un monsieur qui était grand chasseur, et il n'était pas chrétien. Il s'appelait Eustache. Un jour il fut à la chasse, et, ayant vu un cerf, il essaya de le tuer. Mais il ne put y réussir, et le cerf s'approcha et lui dit :

— Je suis ton Dieu, je ne te crains pas ; je viens te prévenir que si tu veux être heureux, il faut te faire baptiser, toi, ta femme et tes deux enfants, sinon tu n'auras que du malheur en cette vie et dans l'autre. Si tu veux te faire baptiser, tu seras privé de tous les biens de ce monde, tu perdras ta femme et tes deux fils ; mais un jour vous serez réunis tous les quatre, et heureux à jamais.

Le chasseur raconta à sa femme ce qui lui était arrivé, et elle consentit à recevoir le baptême, ainsi que ses enfants.

Peu après, ils devinrent pauvres comme les mendiants des chemins, et ils résolurent de quitter le pays. Comme ils étaient sur le point de s'embarquer, et qu'ils n'avaient pas de quoi payer le passage, le capitaine dit au mari :

— Si tu veux laisser ta femme, je te donnerai le passage à toi et à tes deux fils.

Comme Eustache savait qu'il était destiné à perdre sa femme, il la laissa au capitaine et s'embarqua avec ses deux fils. Ils abordèrent en pays étranger, et se trouvèrent au milieu d'une petite forêt, où ils s'endormirent tous les trois. A son réveil, le chasseur ne retrouva plus ses deux fils ; il en fut bien chagrin. Mais comme il n'avait pas de quoi manger, il demanda de l'ouvrage dans une ferme, où on l'employa aux besognes les plus grossières.

Il survint une grande guerre, et Eustache, ayant été reconnu pour un guerrier de mérite, devint capitaine ; ses fils étaient soldats dans son armée.

Un jour qu'ils se promenaient dans la campagne, ils rencontrèrent leur mère qui ne les reconnut pas ; ils lui demandèrent qui elle était. Elle leur dit son nom, et leur raconta comment elle avait perdu son mari et ses petits garçons, puis, qu'ayant été retenue à bord d'un navire, le capitaine, qui avait voulu lui faire violence, avait été tué d'un coup de tonnerre. « Maintenant, dit-elle, je cherche mon mari et mes petits enfants, car je crois qu'ils ne sont pas morts ».

— C'est nous qui sommes vos enfants, lui dirent

les deux soldats. Nous avons perdu notre père lorsque nous étions endormis dans un petit bois, après avoir traversé la mer. Quelqu'un nous avait enlevés sans nous réveiller.

La mère était si contente qu'elle alla se jeter aux pieds du capitaine, pour lui demander de laisser ses fils aller avec elle.

— Relevez-vous, dit-il, et contez-moi votre histoire.

Quand elle lui eut dit ses aventures, il reconnut que c'était sa femme, et il l'embrassa en lui disant :

— Je suis Eustache, ton mari.

Plus tard, on sut qu'ils étaient chrétiens : les païens les jetèrent tous les quatre dans une fournaise ardente, et ils moururent au milieu du feu, en chantant des cantiques.

(*Recueilli en 1882, aux environs de Dinan, par Mlle Elodie Bernard*).

Cette légende reproduit en, les abrégeant beaucoup et en y ajoutant quelques traits, les principaux épisodes de la vie de saint Eustache telle qu'elle est racontée dans la Légende Dorée (cf. JACQUES DE VORAGINE, t. I, p. 335, éd. Brunet). Si je lui ai donné place parmi les Légendes dorées de la Haute-Bretagne, c'est parce que à Saint-Cast, pays assez voisin de Dinan, on la raconte à peu près de cette façon et que l'on montre sur la grève de La Mare, l'endroit où le saint débarqua avec ses enfants. Il me semble probable que cette légende vient du livre cité plus haut, qui a été si populaire au moyen âge.

Les habitants de Teillay et des environs ont, dit M. Guillotin de Corson, *Récits historiques*, p. 56, une grande dévotion pour ce bienheureux, car suivant un dicton populaire :

> Saint Eustache
> De tous maux détache.

Il a une chapelle au milieu des ruines de l'ancien château du Teillay ; sur son rustique autel, on voit le saint en habit de chasse ; à ses pieds se trouve son chien fidèle, devant lui se montre le cerf mystérieux présentant la croix au-dessus de sa tête. A saint Etienne en Coglès a lieu un pèlerinage à la chapelle de saint Eustache, près de laquelle est un beau rocher à bassin ; il est surtout fréquenté par les femmes qui désirent avoir des enfants, et a lieu le vendredi saint. Il y a un autre pèlerinage à Ercé en La Mée près d'une chapelle de Saint-Eustache.

LXXIV

Saint Georges

On raconte à Châtillon-en-Vendelais, que, il y a bien longtemps, un pieux laboureur voulant débarrasser les pierres, dites la Roche-Aride, des sorciers et des sorcières qui les hantaient s'était mis en prières sous un hêtre, au lieu appelé depuis Saint-Georges, et là suppliait ce grand et valeureux saint de venir avec son armée purger le pays des malins esprits qui le désolaient.

Saint Georges, à la fin se laissa toucher et vint à la tête d'une légion de cavaliers, livrer un assaut aux suppôts du diable, qui furent battus et mis en déroute.

La mêlée avait été si longue et si rude, que les chevaux de la légion de saint Georges tarirent, tellement ils étaient altérés, une source qui coulait au pied de la Roche-Aride.

Puis saint Georges et ses glorieux compagnons, avant de retourner au Paradis, vinrent se reposer à l'ombre du hêtre sous lequel priait le laboureur.

Ce serait en mémoire du passage du saint guerrier et pour le remercier de sa puissante intervention, qu'une chapelle aurait été érigée et placée sous son vocable dans l'emplacement même du hêtre.

(BÉZIER. *Supplément à l'Inventaire*, p. 49).

Châtillon-en-Vendelais a en effet saint Georges pour patron, et son église lui est dédiée ; au xi° siècle il y avait un prieuré, sous le vocable de saint Georges, qui relevait de l'abbaye de Saint-Florent.

LXXV

La Vierge sauve Lamballe

LE souterrain qui part de dessous l'église Notre-Dame, à Lamballe, va jusqu'à la mer ; il a été creusé par les Anglais, qui voulaient s'emparer de la ville. Les habitants furent avertis du danger par un des saints de l'église ; son doigt, qui était primitivement élevé, se baissa un peu tous les jours ; on finit par le remarquer, et, ayant creusé dans la direction que montrait le saint, on trouva le souterrain.

Les Anglais furent surpris, et l'on en tua tant, qu'il y avait, dans la rue Bario, un *moulant* de sang assez fort pour faire tourner la roue d'un moulin. Pour atteindre ceux qui étaient restés dans le fond du souterrain, on attacha des faux à deux bœufs, dans l'oreille desquels on mit de l'argent-vif (du mercure), et on les lâcha dans le souterrain, où ils mirent en pièces ce qui restait des Anglais.

C'est depuis cette défaite que les Anglais appellent Lamballe : « le traître Lamballe ».

(*Recueilli à Saint-Glen en 1880*).

Il circule une autre version de cette prétendue défaite des Anglais ; M. Cauret l'a recueillie, et l'a reproduite à la suite de la précédente dans les *Mémoires de la Société d'émulation des Côtes-du-Nord*, 1887.

Au-dessus de la porte d'entrée de Notre-Dame, côté ouest, à l'intérieur, le visiteur aperçoit une statue en bois, haute de deux mètres, dont la pose ne laisse pas de surprendre en pareil lieu.

La tête est légèrement renversée en arrière et nue ; le bras droit est levé au-dessus de la tête ; la main, un peu tendue, supporte un emblème indéchiffrable, mais pouvait aussi bien, dans le principe, agiter les grelots d'une *Folie* que jeter le bonnet phrygien d'une Raison par dessus les moulins ; le pied cambré, le bras gauche arrondi et un peu éloigné du corps ont l'air d'esquisser une figure de carmagnole.

Les vieux conteurs vous chuchotent à l'oreille que c'est une statue de la Liberté ou de la Raison, qui fut substituée à celle de la Vierge miraculeuse pendant la grande Révolution[1]. Leurs pères ont

[1]. D'après une communication de M. Jules Lemoine, cette statue, qui lui semble du XVIIe siècle, vient de l'abbaye de Saint-Aubin-des-Bois.

parfaitement connu la vieille demoiselle qui servit de modèle au sculpteur, quand elle était jeune. En les poussant un peu, ils vous disent même son nom.

Toujours est-il que cette statue est restée au-dessus du maître-autel jusqu'à ces dernières années : quand on a refait les boiseries du chœur, on a remis la statue miraculeuse à sa place et on a reporté la grande aussi près que possible de la porte, sans oser la mettre dehors.

Quand on en fit la Foi, à la Restauration, on lui appuya le bras gauche sur une croix qu'elle paraît tenir malgré elle, et on substitua à l'emblème qu'elle devait avoir dans la main droite celui qu'elle porte aujourd'hui.

Si l'on en croit la légende, cette statue serait le saint dont le bras s'abaissa pour indiquer le souterrain.

Les Anglais avaient pénétré dans la place et se préparaient au pillage, après avoir mis une bonne garde à l'entrée du souterrain. Ils descendaient en ville par la grande rue Notre-Dame, en rangs plus serrés que la foule qui suit le Saint-Sacrement à la Fête-Dieu. Dans leur précipitation, ils oublièrent deux énormes coulevrines chargées à mitraille, chacune contenant plus de quatre barriques de projectiles, et qu'ils avaient braquées sur la ville pour effrayer les habitants.

Une pauvre veuve, femme du peuple, priait toute seule à Notre-Dame, avec son petit enfant, quand elle vit cette grande statue lever son bras droit et tenir dans sa main une torche allumée.

Saisie de frayeur, elle sort en toute hâte, aperçoit la mèche qui fume auprès des coulevrines restées sans gardiens et la rue pleine d'assiégeants se ruant au pillage. Le geste de la statue, mais c'est l'ordre de mettre le feu, ce qu'elle s'empresse de faire. On entendit alors une détonation épouvantable et tous les Anglais furent massacrés, un peu par la mitraille et beaucoup par une puissance surnaturelle qui profita du nuage de fumée produite pour tuer le reste.

Le geste si bizarre de la main gauche aurait indiqué le souterrain aux défenseurs de la place, avant l'entrée des Anglais.

LXXVI

La Vierge de la Grand'Porte à S¹-Malo et la Vierge de Rennes

Un brick de Saint-Malo qui faisait voile vers les Indes aperçut un jour un objet volumineux qui flottait sur l'eau. Une chaloupe fut le chercher ; c'était une caisse cerclée de fer dans laquelle se trouvait une statue de la Vierge, et l'équipage fut bien étonné de voir qu'une telle masse avait pu flotter sur l'eau. Le capitaine fit disposer une place convenable dans l'entrepont pour y placer la statue, faisant le vœu de l'offrir à la ville de Saint-Malo, aussitôt après son retour. Il voulut alors continuer sa route, mais il eut à subir une telle série d'ouragans extraordinaires, qu'il finit par comprendre que la Madone de pierre ne voulait pas aller aux Indes et avait hâte de se trouver à Saint-Malo. Aussitôt le beau brick vira de bord, bout pour bout, et grand vent arrière, fila vers le Clos-Poulet où il arriva après une très rapide traversée.

La Vierge fut portée triomphalement dans le chœur de la cathédrale où elle resta exposée plusieurs mois à la dévotion des fidèles. Ensuite, elle fut placée au-dessus de la Grand'Porte, à la place où elle est encore aujourd'hui.

(E. Herpin. *La côte d'Emeraude*, p. 1).

On attribua à cette statue plusieurs miracles : c'est elle qui arrêta jadis l'incendie qui menaçait de détruire Saint-Malo, et une pieuse croyance raconte que jamais une calamité publique ne frappera la ville tant qu'une bougie brillera aux pieds de Notre-Dame de la Grand' Porte.

M. Harvut me communique la légende qui suit :

En 1693 et 1695 les Anglais bombardèrent la ville de Saint-Malo, mais sans résultat appréciable ; dans ce même temps, on s'aperçut un jour que la Vierge de la Grand' Porte avait étendu le bras droit, et semblait, du doigt, indiquer un point de la place qui s'étend devant sa niche. Comme on craignait toujours les embûches des ennemis de la France, on fit des recherches sur le point qu'indiquait la Vierge, et on découvrit à une certaine profondeur un dépôt de matières inflammables et explosibles, munies d'une mèche se profilant au dehors, et destinées évidemment à faire sauter le quartier. Aussitôt cette découverte faite, la Vierge reprit sa position habituelle.

Dans son livre sur les rues de Saint-Malo, M. Harvut donne quelques détails sur cette statue :

Au-dessus de la porte, du côté intérieur des fortifications, existe une niche dans laquelle le Père Vincent Huby, jésuite, fit placer solennellement, en 1663, à la suite de l'incendie de 1661, une statue de la Vierge de grandeur plus que naturelle, pour mettre la ville sous l'invocation de Notre-Dame-de-Bon-Secours.

Lorsque la statue de Notre-Dame-des-Miracles fut solennellement remise en son premier et ancien autel, le P. Georges Fautrel écrivit la relation de cette cérémonie, que M. de Kerdanet a réimprimée dans son édition de la *Vie des saints de Bretagne*.

On y trouve ce passage, où il rapproche le miracle de Saint-Malo, d'un prodige plus ancien arrivé dans une autre ville de Bretagne : « Il n'est presque personne à Rennes qui ne sçache que depuis plus de trois cents ans, la ville doit sa délivrance à la sainte image de Notre-Dame des Miracles. On ne peut entrer dans Saint-Sauveur, qu'au centre et au cœur de cette église, il ne s'y remarque aussitôt une pierre assez visible qui s'élève un peu de terre et semble fermer un puits : qui ne sait ce qu'elle fait là, ne se peut empêcher d'en demander la raison. Mais la tradition apprend à tous ceux qui s'en informent que cette pierre est là pour boucher l'ouverture d'une mine que firent autrefois les

Anglais ayant dessein sur la ville, dans le désespoir où ils étoient de l'emporter autrement que par surprise. De plus elle nous dit que Rennes en fut miraculeusement délivrée par la faveur de la sainte Vierge, dont l'image qui est encore la même et sur le même autel qu'elle étoit alors, par un sensible mouvement de main, montra distinctement le lieu de la mine et l'endroit par où l'ennemi prétendoit faire irruption. Et ce qui lui en ôta le moyen ce fut que la propre nuit qu'il avoit arrêtée pour l'exécution de son dessein, le peuple appelé en l'église de Saint-Sauveur, au bruit extraordinaire des cloches qui sonnèrent d'elles-mêmes à plusieurs reprises, au grand étonnement de tout le monde, deux cierges ayant apparu sur l'autel où cette sainte image est honorée, on s'aperçut aussitôt du danger où l'on étoit, et il ne fut pas difficile aux braves qui défendoient la ville de repousser ces aventuriers, qui, pour s'être engagés en cette occasion, furent ensevelis en la propre fosse qu'ils avaient faite ».

LXXVII

La Vierge du Temple et les Anglais

EN 1758, au moment du débarquement des Anglais en Bretagne, la statue de la Vierge du Temple suait tellement que deux hommes étaient constamment occupés à l'essuyer. On dut à son intercession de voir les Anglais rétrograder. Jamais en effet, à ce que les paysans racontèrent à Habasque vers 1832, ils ne purent dépasser le Temple, bien qu'on ne leur opposât pas de troupes. Suivant une autre légende que j'ai recueillie, la Vierge pour arrêter l'ennemi, fit grossir de telle sorte le ruisseau qui passe à cet endroit, que les Anglais ne purent le franchir.

(Paul Sébillot. *Traditions de la Haute-Bretagne*, t. I, p. 369).

La chapelle du Temple, qui est fort ancienne, est située au village de ce nom, en la paroisse de Pléboulle.

PERSONNAGES SACRÉS

QUI FIGURENT DANS LA PETITE LÉGENDE DORÉE

Aaron, 162.
Abraham, 93, 151.
Amateur, 79.
André, 74.
Anne (sainte), 83.
Antoine, 75, 77, 90.
Arbrissel, 88.

Benoit de Macerac, 109.
Blanche (sainte), 1, 5.
Briac, 29.
Brigitte (sainte), 115.

Cado, 32.
Carapibo, 133.
Cast, 29, 31.
Chasné (sainte de), 135.
Cieux, 28.
Clément, 14, 16, 21.
Congard, 148.
Convoyon, 62, 154.
Corentin, 144.
Couturier, 132.

Dolay, 148.

Enogat, 29.
Eustache, 211.
Eutrope, 79.

Fiacre, 62, 65, 70.
Froumi, 8.

Gendrot, 138.
Georges, 214.
Germain, 10, 97, 151.
Gobrien, 185.
Gorgon, 148.
Goustan, 38.
Gravé, 148.
Guénolé, 13, 69.
Guillaume, 52.
Guillaume Pinchon, 157, 161, 174.
Guingalois, 67.
Guyomard, 188.

Hubert, 58.

Jacques, 11, 173.
Jacut, 24, 148.

Jean, 77.
Jésus, 172.
Job, 93.
Jugon, 164.

Lambert, 156.
Léger, 49.
Lénard, 141.
Lin, 113.
Lunaire, 29, 33, 34.
Lyphard, 60.

Malo, 29.
Marcoul, 200.
Martin, 48.
Martin de Vertou, 48, 204.
Mathurin, 79.
Maudez, 70, 72, 148.
Maurice, 157.
Mauron, 152.
Méen, 55.
Melaine, 195.
Méloir, 144.
Michel, 45.
Mirli, 98.
Morin (Pierre), 54, 106.

Notre-Dame, 95, 100, 103, 106, 114, 127, 129, 208, 216, 220, 224.

Pabu, 85.

Pataude (sainte), 134.
Patrice, 49.
Perreux, 148.
Pitié (sainte), 83.
Pontin, 8.

Quay, 189.

Riowen, 12.
Roch, 64.
Rou, 135.

Sainte aux pochons, 136.
Samson, 107, 204.
Sauveur, 171.
Servan, 29.
Suliac, 202.
Syphorien, 41.

Tudual, 85.

Valay, 43.
Viau, 50.
Victor de Campbon, 63.
Vierge (la sainte), 9, 40, 49, 95, 177, 216, 220, 224.
Volvire (Mlle de), 133.

Vran, 151.

Yves, 179, 182.

TABLE

	Pages
La sainte marchant sur les eaux, frontispice, dessin de Paul Chardin	
Préface	I.
Croix du Morbihan (XVIe siècle)	VIII
Sources	IX
I. — Sainte Blanche et les Anglais	1
Sainte Blanche marchant sur les eaux, dessin de Paul Chardin	3
II. — La statue de sainte Blanche	5
III. — Les taches de la mer et les saints	9
IV. — Saint Riowen marchant sur les eaux	12
V. — Saint Clément	14
VI. — Saint Clément et les vents	16
VII. — Saint Clément et la tempête	21
VIII. — Pourquoi Saint-Jacut n'est plus une île	24
IX. — Saint Cieux	28
Ancienne statue de saint Briac, dans l'église de ce nom, dessin d'Auguste Lemoine	29
X. — Le pied de saint Cast	31
XI. — Saint Lunaire	34
Saint Lunaire et la colombe	35
Tombeau de saint Lunaire	37
XII. — Saint Goustan	38
XIII. — Les pas de la Vierge	40
XIV. — Le saut de saint Valay	43

		Pages
XV.	— Les saints et les mégalithes..................	45
XVI.	— Saint Guillaume.......................	52
XVII.	— Pierre Morin.........................	54
XVIII.	— Le grès saint Méen...................	55
	Statue de Saint-Méen, église de Paimpont.	55
	Saint Méen, statuette à Notre-Dame du Haut................................	57
XIX.	— La chasse saint Hubert.................	58
XX.	— La pierre de saint Lyphard.............	60
XXI.	— Saint Convoyon et la roche aboyante....	62
XXII.	— Saint Roch...........................	64
XXIII.	— La fontaine du Pas de Saint............	67
XXIV.	— Saint Maudez, saint André et saint Fiacre.	70
XXV.	— Pourquoi on offre des clous à saint Maudez................................	72
XXVI.	— Pourquoi on offre du chanvre à saint André................................	74
XXVII.	— Le cochon de saint Antoine.............	75
XXVIII.	— Saint Jean, saint Antoine et les cochons.	77
XXIX.	— Saint Mathurin, saint Eutrope et saint Amateur............................	79
	Saint Mathurin, image populaire.........	80
	Ancien plomb de saint Mathurin.........	81
	Ancienne médaille de saint Mathurin, en plomb..............................	82
XXX.	— Sainte Anne et sainte Pitié.............	83
XXXI.	— Le départ de saint Pabu................	85
XXXII.	— Saint Robert d'Arbrissel................	88
XXXIII.	— La chapelle du Bois-Picard.............	89
XXXIV.	— La croix des sept loups................	91
XXXV.	— Les chapelles de Champeaux...........	93
XXXVI.	— Les Notre-Dame de l'Epine.............	95
XXXVII.	— Notre-Dame du Nid de Merles.........	100
XXXVIII.	— La chapelle de Notre-Dame à Bovel......	103
XXXIX.	— Le prieuré de Notre-Dame à Montreuil..	104
	Pierre sculptée de la façade du prieuré..	105
XL.	— La statue qu'on ne peut emmener.......	106

		Pages
XLI.	— Saint Samson et la cathédrale de Dol....	107
XLII.	— Saint Benoît de Macerac................	109
	Tombeau de saint Benoît...............	110
	Fontaine de saint Benoît...............	111
XLIII.	— Saint Lin..........................	113
XLIV.	— Notre-Dame du Pont d'Ars...........	114
XLV.	— La cane de sainte Brigitte.............	115
	La cane et ses canetons, ancienne verrière de Montfort............................	121
XLVI.	— Les fées chrétiennes.................	122
XLVII.	— La croix des fées....................	125
XLVIII.	— Comment Notre-Dame de Lamballe fut bâtie par les fées.....................	126
XLIX.	— Les fées et les chapelles..............	129
L.	— Les canonisations populaires...........	132
LI.	— La fosse à Gendrot...................	138
LII.	— Saint Lénard........................	141
LIII.	— Saint Méloir........................	144
LIV.	— Les sept saints......................	146
LV.	— Saint Mauron.......................	152
LVI.	— Les saints et les Corbeaux............	156
LVII.	— Pourquoi les veuves de Landebia ne se remarient pas......................	158
LVIII.	— Le fossé de saint Aaron...............	162
LIX.	— Saint Jugon.........................	164
	Statuette de saint Jugon, à Carentoir....	167
LX.	— Légende de Rieux....................	171
LXI.	— Saint Guillaume au Chemin-Chaussée...	174
	Le tombeau de saint Guillaume à Saint-Brieuc.............................	176
XLII.	— Les aboyeuses de Josselin.............	177
LXIII.	— Les vengeances de saint Yves..........	179
LXIV.	— Saint Yves et les couturiers...........	182
	Saint Yves, image populaire............	183
LXV.	— Pourquoi les gars de Saint-Servan n'ont plus de fesses......................	185
	Statuette de saint Gobrien.............	186

	Pages
LXVI. — Saint Guyomard	188
LXVII. — Saint Quay et les femmes	189
LXVIII. — Saint Melaine	195
Saint Melaine et les prisonniers, dessin de Busnel	198
LXIX. — Saint Marcoul	200
LXX. — Saint Suliac et les ânes	202
LXXI. — La submersion d'Herbauge	205
LXXII. — Le voleur puni	208
LXXIII. — Saint Eustache	210
LXXIV. — Saint Georges	214
LXXV. — La Vierge sauve Lamballe	216
LXXVI. — La Vierge de la Grand'Porte à Saint-Malo	220
LXXVII. — La Vierge du Temple et les Anglais	224
Table alphabétique des personnages sacrés qui figurent dans la Petite Légende dorée	225
Table	227

Croix de la partie française du Morbihan,
d'après ROSENZWEIG,
Les Croix de pierre du Morbihan.

Achevé d'imprimer

le dix-sept avril mil huit cent quatre-vingt-dix-sept

PAR

H. DALOUX

14 bis — RUE LOFFICIAL

BAUGÉ

(Maine-et-Loire)

www.ingramcontent.com/pod-product-compliance
Lightning Source LLC
Chambersburg PA
CBHW060122170426
43198CB00010B/993